COMO GIREI A RODA

Bastidores e intrigas do **Roda Viva** revelados por um de seus apresentadores

© **Ricardo Lessa,** 2022
Direção editorial: **Bruno Thys** e **Luiz André Alzer**
Capa, projeto gráfico e diagramação: **Renata Maneschy**
Revisão: **Camilla Mota**
Foto da capa: **Giovanna Gaddini/Acervo TV Cultura**
Foto do autor: **Edu Simões**

Dados Internacionais de Catalogação na Publicação (CIP)
(eDOC BRASIL, Belo Horizonte/MG)

L638c Lessa, Ricardo.
Como girei a roda: bastidores e intrigas do Roda Viva revelados por um de seus apresentadores / Ricardo Lessa. – Rio de Janeiro, RJ: Máquina de Livros, 2022.
152 p. : 14 x 21 cm

Inclui bibliografia
ISBN: 978-65-00-49273-6

1. Telejornalismo – Brasil. 2. Roda Viva (programa de televisão – História. I. Título.

CDD 791.457

Elaborado por Maurício Amormino Júnior – CRB6/2422

Grafia atualizada segundo o Acordo Ortográfico da Língua Portuguesa de 1990, em vigor no Brasil desde 2009

1ª edição, 2022

Todos os direitos reservados à **Editora Máquina de Livros LTDA**
Rua Francisco Serrador 90 / 902, Centro, Rio de Janeiro/RJ – CEP 20031-060
www.maquinadelivros.com.br
contato@maquinadelivros.com.br

Nenhuma parte desta obra pode ser reproduzida, em qualquer meio físico ou eletrônico, sem a autorização da editora

RICARDO LESSA

COMO GIREI A RODA

Bastidores e intrigas do **Roda Viva** revelados por um de seus apresentadores

máquina de livros

Para Jorge da Cunha Lima, mestre querido

Octávio Tostes (em memória), amigo essencial

Alice (em memória) e Ester,
Ro, Jo e Lu, meu público mais cativo

A gente vai contra a corrente
Até não poder resistir
Na volta do barco é que sente
O quanto deixou de cumprir
Chico Buarque, Roda Viva

Quero ver quem vai ficar
Quero ver quem vai sair
Não é obrigado a escutar
Quem não quiser me ouvir
(...)
Quero ver quem vai dizer,
 quero ver quem vai mentir
Gilberto Gil, Roda

A RODA DA
LIBERDADE

Muito antes de virar nome de programa, *Roda viva*, música composta em 1967, já era um hino contra a ditadura. Depois, em 1968, virou nome de peça de teatro. Em julho daquele ano, o Teatro Galpão de São Paulo, onde a obra era encenada, foi invadido por uma milícia encapuzada do infame CCC (Comando de Caça aos Comunistas), que espancou atores e destruiu cenários. Em outubro, a agressão se repetiu em Porto Alegre, o que acabou com suas exibições pelo país. A história televisiva do *Roda Viva*, cujo nome o compositor Chico Buarque cedeu gratuitamente na época da criação do programa, rima com os versos da música. O título remete ao cenário em círculo. E o programa resiste ao tempo. Enfrenta as investidas contra o jornalismo, girando com mais ou menos firmeza. Num momento de marcha à ré, em 2016, o próprio compositor se revoltou e tentou desvincular sua música do programa. Por vezes emperrada, a roda segue seu caminho. Na música, a *Roda Viva* leva o samba, a viola e a roseira pra lá. Os inventores do programa mudaram o sentido da roda. E trouxeram o livre debate pra cá.

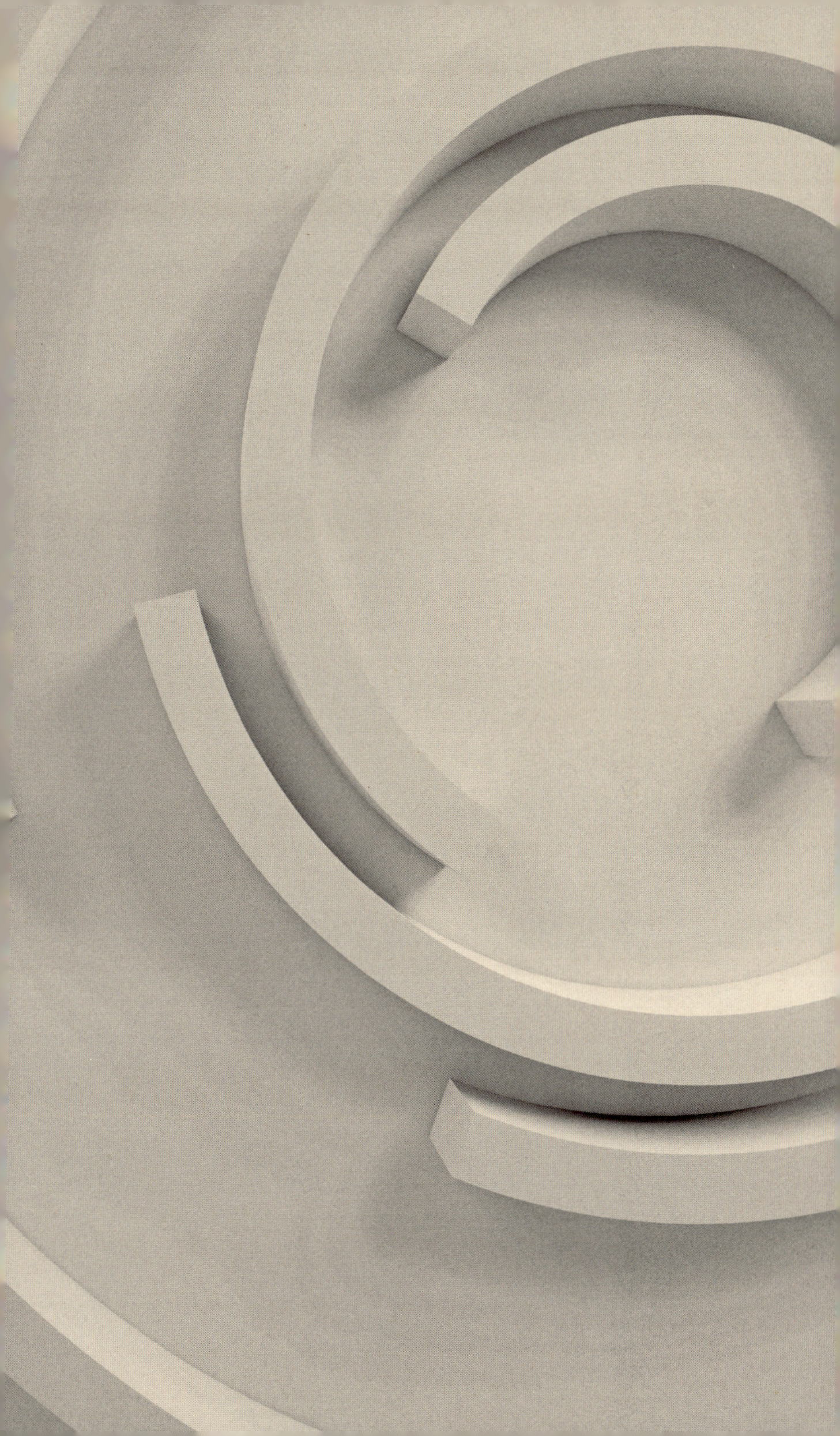

ÍNDICE

Prefácio 13

A gente quer ter voz ativa 19

Nas voltas do meu coração 25

O tempo rodou num instante 29

Eis que chega a roda viva 35

Não posso fazer serenata 47

Viola na rua a cantar 52

A gente toma a iniciativa 59

Roda mundo, roda gigante 63

A gente estancou de repente 68

Ou foi o mundo que cresceu 73

No nosso destino mandar 84

O tempo rodou num instante 87

E leva a roseira pra lá 91

Faz força pro tempo parar 99

E carrega a viola pra lá 103

Foi tudo ilusão passageira 106

Que a brisa primeira levou 111

O tempo, a viola, a roseira 116

Como quem partiu ou morreu 128

Roda moinho 132

Roda pião 142

Entrevistadores dos candidatos à Presidência de 2018 146

Bibliografia 149

Agradecimentos 151

PREFÁCIO

UM DEPOIMENTO PARA MUDAR O HÁBITO

Eugênio Bucci

Este livro terá lugar de destaque na biblioteca um tanto exígua sobre a comunicação pública no Brasil. Aqui, o jornalista Ricardo Lessa conta sua experiência como apresentador do programa *Roda Viva* da TV Cultura de São Paulo. O relato, objetivo e substancioso, constitui um documento singular. Não é costume, embora não seja inédito, que profissionais que passaram pela televisão pública deixem registrada a sua experiência, tanto para prestar contas à sociedade como para colaborar com pesquisadores que venham a estudar o tema. Ricardo Lessa fez isso, e fez bem. Além de ter estado dentro da máquina que descreve, é bom repórter e prosador elegante.

Em memórias alinhavadas a quente, o autor nos traz informações de bastidores sobre os modos de fazer – e de desfazer – o programa jornalístico de entrevistas que, há algumas décadas, brilha como o mais influente da televisão brasileira. Aspectos do *Roda Viva* que, até hoje, não eram de domínio público, são esmiuçados para deleite do leitor mais curioso. Como se escolhem os entrevistados? Quem seleciona os entrevistadores e as entrevistadoras? Com que critérios? Para atender a que interesses? Quem procura interferir sobre as decisões? Com que finalidade? Prepare-se. Nas páginas que se seguem, você encontrará respostas para essas interrogações e muitas outras.

A narrativa não é das mais edificantes, quer dizer, não nos deixa animados ou otimistas. Ao contrário, a obra escancara problemas aflitivos. No panorama reportado por Lessa, a gente se dá conta de que a história do *Roda Viva* envolve duelos em que os interesses acomodados no Palácio dos Bandeirantes, sede do governo paulista, têm participação constante. O estilo dos governantes varia, mas os interesses, segundo itinerários mais ou menos velados, mais ou menos constrangidos, sempre batem ponto. A vida é dura.

Não que precisássemos deste livro para perceber a presença dos palácios na programação das emissoras públicas do Brasil. É assim em toda parte. É assim em outros estados, é assim em Brasília – na EBC da TV Brasil –, e é assim também na TV Cultura, ainda que de modo menos cru. O fato é que nunca se vê uma sequência de entrevistados no *Roda Viva* falando mal do governador paulista. Uma ou outra alfinetada até que escapam, mas o tom geral é de compadrio. A proximidade cordial, solícita, entre a Cultura e o governo é patente, está na cara. O Poder Executivo paulista é sistemática e normalmente poupado, enquanto o governo federal (seja ele bom ou ruim, isso não está em questão) pode muito bem sofrer achincalhes sem que ninguém na casa se sinta mal por isso.

Ricardo Lessa vai fundo e mostra o que a gente não sabia, não com tantos detalhes. Nomeia as salas onde acontecem as reuniões mais delicadas, diz quem é quem nas conversas mais críticas, fala como as pessoas têm medo de perder o emprego e por quê. Capítulo a capítulo, descortina de que forma uma ala mais conservadora mede forças com outra, de inclinações ditas progressistas, dentro do Conselho Curador, que é o órgão máximo da Fundação Padre Anchieta, a quem pertence a TV Cultura.

E a história empolga. Percorrendo labirintos e meandros traiçoeiros, o autor conduziu uma guinada editorial no *Roda Viva*. Ao assumir a condução do programa, recebeu o pedido expresso daqueles que o contrataram. Sua missão era trocar o proselitismo, de conservador, por uma postura mais informativa e, ao menos aos olhos dele (e dos chefes dele), mais equilibrada. Lessa tinha que tirar o *Roda Viva* de um isolamento à direita e levá-lo a uma posição de centro. Ao final, avalia que teve êxito na sua tarefa.

Nesse percurso, às vezes com sabor de novela de intrigas, às vezes com cara de trama de suspense, pipocam detalhes surpreendentes. O lance mais delicado, ao menos para quem tem alguma noção dos protocolos administrativos de uma instituição que se pretenda pública, é a presença de alguns membros do Conselho Curador na definição das pautas semanais do *Roda Viva*. O jornalista não esconde que, em certos momentos, decidia quem seriam as pessoas entrevistadas e quem seriam as entrevistadoras e entrevistadores em reuniões com integrantes do Conselho Curador.

Nisso, temos um tópico que merece atenção. Ao Conselho Curador, instância mais alta da instituição, cabe escolher e nomear o diretor-presidente, a quem tem poderes, também, de destituir. A gestão das operações de linha, ou seja, todos os atos de coordenar equipes, comandar gente, coordenar o jornalismo, contratar serviços ou funcionários, desligar pessoas ou fornecedores, tudo isso fica subordinado ao presidente-executivo. Os que têm assento do Conselho Curador podem questioná-lo e, mais do que isso, podem até demiti-lo, mas não poderiam se ocupar de atribuições e competências que cabem a ele. Este é o bê-á-bá, o arroz com feijão em entidades públicas ou de perfil pretensamente público.

Ricardo Lessa torna público que, como apresentador de um dos programas da emissora, se reportava com frequência a um ou a alguns membros do Conselho, o que, a meu ver, constitui a maior revelação – e a mais preocupante – deste excelente livro.

Pode-se alegar que, se não fosse o apoio ativo do Conselho, faltaria força política interna para alterar a orientação editorial do programa. Pode-se ainda dizer que as mudanças viriam para o bem, assim como se pode argumentar que a conduta anterior não se alinhava ao interesse público e aos cânones do jornalismo público. Tudo isso pode ser dito e pode até ser verdade, bem como podem ser verdadeiras as boas intenções de todo mundo. O desvio, no entanto, é de natureza formal – e, na gestão pública, ou de instituições e vocação pública, a formalidade pública é tudo.

Se interferem na administração cotidiana da organização, mesmo que seja com a maior boa vontade, os conselheiros perdem o distanciamento indispensável para exercer o que mais se espera deles: em primeiro lugar, a avaliação periódica do trabalho do presidente-executivo e de sua equipe direta; em segundo lugar, a aprovação do planejamento de médio e longo prazos da instituição. Se alguns do Conselho vão lá e definem entrevistado e entrevistadores, como poderão, depois, formar um juízo independente sobre a evolução do jornalismo na casa?

Admitamos que o *Roda Viva*, por ser um programa de muita tradição e enorme visibilidade, deva contar com um regime especial dentro do organograma da Fundação. Tratá-lo de forma excepcional não seria ruim ou impróprio. Mas como justificar que essa forma especial se dê sob a direção pessoal e direta de gente que tem assento no Conselho? Por que misturar as instâncias?

O que torna uma instituição de comunicação pública grandiosa ou mesquinha não é a ocorrência ou a não ocorrência de problemas. O que pode fazer dela um patrimônio da nossa cultura política – e esse é definitivamente o caso da TV Cultura – é o vigor com que ela enfrenta os seus problemas e sua capacidade de solucioná-los. Quando contratou Ricardo Lessa para assumir a frente do *Roda Viva*, a Fundação Padre Anchieta identificou um problema real e deu um jeito de equacioná-lo. Sentiu que precisava mudar o enfoque de seu carro-chefe e foi atrás disso, com bons resultados. É possível que tivesse razão no diagnóstico. É também possível, contudo, que o método que escolheu para encaminhar a superação do problema não tenha sido o melhor.

Agora, o que nós – contribuintes e telespectadores que amamos a TV Cultura – podemos esperar é que ela aprenda com a experiência e saiba adotar encaminhamentos justos para os seus impasses internos. O momento impõe uma postura mais arrojada. O jornalismo não deve mais negociar nenhuma de suas pautas. Absolutamente nenhuma, com absolutamente ninguém. Em vez disso, deve contar com dirigentes maduros, experimentados e respeitados. A eles caberá imprimir uma linha editorial marcada pelos valores do apartidarismo e da objetividade – e as diretrizes gerais, estas, sim, devem ser aprovadas pelo Conselho Curador. Este, de sua parte, para ser efetivo, deve renunciar a qualquer tentação de interferir na gestão. A função dos conselheiros é atuar nas grandes linhas estratégicas. Fora disso, se resolverem pôr a mão na massa, só vão atrapalhar. A Fundação Padre Anchieta precisará de prudência, discernimento e decisão para fazer valer, em seus domínios, os cânones do jornalismo independente e de interesse público. Se souber manter cada organismo interno em seu devido lugar, será mais fácil encontrar os caminhos.

Este livro vem a público bem na hora de mudar velhos hábitos. Quando as emissoras públicas passarem a trabalhar para o direito à informação da sociedade, e não mais para as conveniências de imagem das autoridades, teremos uma pequena e benfazeja revolução.

Eugênio Bucci é jornalista, professor titular da ECA-USP, e foi presidente da Radiobrás (2003-2007) e conselheiro da Fundação Padre Anchieta

A GENTE QUER
TER VOZ ATIVA

No ar desde 1986, o *Roda Viva* é espaço único para o exercício do jornalismo. Profissionais, entre os mais capazes, de diferentes veículos podem questionar, sem limitações, importantes personalidades sobre temas cruciais no país por mais de uma hora. Não há nada semelhante na televisão brasileira. Eu não tinha consciência disso antes de assumir a apresentação do programa em abril de 2018.

A criação do *Roda Viva* coincide praticamente com o começo do mais longo período de continuidade democrática da história do Brasil. Variaram cenários e formatos, mas o essencial se manteve por todo esse tempo: uma roda formada de jornalistas, sociólogos, cientistas políticos ou outros profissionais e, no centro, um entrevistado com relevância e coragem para enfrentá-los.

"Um massacre", comparou o primeiro entrevistado, o ex-ministro Paulo Brossard[1]. "Espero que não seja um fuzilamento", declarou o atual presidente, quando ainda era candidato, em um depoimento no Twitter, antes de sua entrevista. "Mas o programa nada tem de aterrorizante", lembrou um dos seus

---

[1] *Roda Viva, 18 anos*. São Paulo: Fundação Padre Anchieta, 2004.

apresentadores, Rodolfo Konder[2]. "Apoia-se na liberdade de informação, na diversidade e na velha – mas sempre atual – ideia platônica do diálogo".[3]

A intenção dos criadores do programa era mesmo não dar moleza ao entrevistado. Imaginaram uma arena em cujo centro o convidado seria uma espécie de gladiador entregue aos leões, como contam Valdir Zwetsch (coordenador de jornalismo) e Marcos Weinstock (diretor de criação) em texto que publicaram na comemoração de 18 anos do *Roda Viva*. O programa foi idealizado "com ousadia e inovação – [para] afugentar o fantasma de chapa-branca que a TV carregava desde sua fundação".[4] Chapa-branca, para quem não sabe, é a entrevista ou reportagem "a favor" ou sem críticas à autoridade reinante.

Zwetsch diz em *A invenção da Roda*, publicado em 2004, que desde o início "a palavra-chave era relevância", e o objetivo, colocar contra a parede um entrevistado do primeiríssimo time de qualquer área da vida nacional, fosse política, econômica ou cultural. A direção da TV Cultura à época estava nas mãos de Roberto Muylaert, e o governador de São Paulo era Franco Montoro, o primeiro eleito pelo voto direto desde o início dos governos militares.

O próprio nome *Roda Viva*, título do sucesso de Chico Buarque, já era um recado contra os que queriam levar a viola, a mulata, a serenata, o destino pra fora do programa. Seus criadores ficaram discutindo um nome durante horas, até que o então coordenador de programação da TV Cultura, Roberto de Oliveira, amigo do compositor, chegasse a *Roda Viva*. E bastou

---

[2] Rodolfo Konder (1938-2014) apresentou o programa em 1990.
[3] Id., ibid.
[4] Id., ibid.

uma ligação dele, de madrugada, para o músico autorizar o batismo do programa com o título de sua canção.

Sintomaticamente, 40 anos depois, em 2016, a roda estava rodando para trás. Uma entrevista chapa-branca com o então presidente Michel Temer foi a gota d'água. Chico acionou advogados para desvincular seu nome do programa, por discordar da condução conservadora na ocasião.

Desde o início, o *Roda Viva* gerava polêmica. Já na primeira crítica ao programa, depois da estreia, um dos jornais de grande circulação do país prognosticou com invejável certeza: "O programa não vai dar certo". Outra crítica comparava o *Roda* a uma arena, na qual os Nero da esquerda queimavam cristãos, e ainda acusava: "O cenário é stalinista". Quase 40 anos depois, os alérgicos ao debate e à liberdade de expressão repetem a ladainha, sem tanto requinte, nas redes sociais.[5]

O *Roda Viva* é também pódio, comparou Jorge da Cunha Lima, ex-presidente da Fundação Padre Anchieta, mantenedora da TV Cultura. Nele são recebidos os campeões da opinião pública nacional, as personalidades de maior peso no país. Um slogan do programa captava o espírito do projeto: "O Brasil passa por aqui". E, nas últimas três décadas e meia, praticamente todos os brasileiros de relevância passaram por ali. E alguns, para além das fronteiras, como Ai Weiwei, Yuval Harari, Fidel Castro, Vargas Llosa e Noam Chomsky, para mencionar apenas alguns.

"O conjunto (de entrevistas do *Roda Viva*) representa hoje o maior e mais importante acervo de ideia sobre a vida brasileira já realizado pela televisão. Seu arquivo é um verdadeiro mapa da sociedade e do pensamento do país", escrevia Paulo

---

[5] Id., ibid.

Markun há quase 20 anos. Ele foi âncora (1998 a 2007) e presidente da TV Cultura entre 2007 e 2010.

Algumas personalidades de menor importância podem ter passado pelo centro do *Roda Viva*. São acidentes de percurso e erros de um programa que já ultrapassou as mil edições – todas as noites das segundas-feiras, sem interrupção, na TV Cultura. Serão provavelmente esquecidos sem grandes prejuízos, como erros de digitação de texto de um jornal diário.

Quando fui apresentador do *Roda Viva* (abril de 2018 a julho 2019), tentei pôr em prática os propósitos dos criadores do programa e o que aprendi em mais de 40 anos como repórter, editor e apresentador. Não tentei reinventar a roda. Fiz como os que me antecederam (com alguma exceção que confirma a regra): busquei aplicar princípios básicos aprendidos nos bancos da ECO (Escola de Comunicação da Universidade Federal do Rio de Janeiro). Sempre ouvir o outro lado, dar voz aos que não são ouvidos, levantar um pouco do véu da mentira e da hipocrisia de alguns. Além de amplificar ideias caras aos profissionais de imprensa, como liberdade, respeito à diversidade, igualdade de oportunidade e solidariedade.

Não esperava, porém, que a resistência a esses princípios fundamentais fosse tão feroz, esquiva, dissimulada e traiçoeira. Ao comentar sobre a história da TV Cultura assim que deixou sua coordenação de programação, alguns meses após a morte de Vladimir Herzog[6], em 1975, Fernando Faro[7] afirmou: "Pare-

---

[6] Vladimir Herzog (1937-1975) era diretor de telejornalismo da TV Cultura até outubro de 1975, quando foi intimado a comparecer ao DOI-Codi-SP, para onde se dirigiu sozinho. No dia seguinte, 25 de outubro, foi achado morto com uma corda no pescoço. Conforme apuração da Corte Interamericana de Direitos Humanos, Herzog foi torturado e assassinado.

[7] Fernando Faro (1927-2016) começou fazendo teatro em rádio, passou pela TV Cultura, TV Tupi, TV Globo. Era considerado um dos maiores produtores musicais do país.

ce uma história de assombração, que chega a atingir momentos de terrível brincadeira".[8] Como se sabe por farta literatura, e eu pude testemunhar em meu ano e quatro meses de passagem pelo *Roda Viva*, as assombrações nunca morrem. Não são, contudo, privilégio da Cultura; em toda grande empresa com pouco mais de uma década de existência, os ectoplasmas penetram nos desvãos mais sombrios e aparecem em momentos inesperados, grudados nas gavetas da burocracia ou nos escaninhos dos interesses escusos.

Quando me perguntavam se estava gostando de apresentar o *Roda Viva*, questão recorrente de colegas e convidados, eu tinha a resposta pronta e sincera: "É um parque de diversões de jornalista". Verdade que todo parque tem seu trem-fantasma e sua casa dos horrores, com teias, sustos, jogo de espelhos, miragens tenebrosas. Espantar as assombrações que teimam em aparecer fez parte da prática profissional. Sem gosto, tenho que registrar neste livro algumas intervenções, que procuraram constranger o espaço da liberdade de expressão.

Fica claro para qualquer principiante de jornalismo que, em nosso país, o exercício da liberdade de informação é uma luta constante. No *Roda Viva* não é diferente. Em uma televisão pública, que não se sustenta sem o dinheiro do governo, a tentação dos "acionistas majoritários", ou seja, dos ocupantes de turno do Palácio dos Bandeirantes, de lançar mão de influências e interferências indevidas no jornalismo é para eles irresistível. E daninha para nós, imprensa e público.

Não pretendo neste livro produzir receita alguma de como se faz ou se deixa de fazer. Tampouco apresentar um re-

---

[8] Laurindo Leal Filho, *Atrás das câmeras: Relação entre cultura, Estado e televisão*. São Paulo: Summus, 1998.

latório exaustivo. Quero deixar um relato simples, certamente parcial, de minha experiência à frente do programa, este sim o protagonista desta história. Ainda hoje recebo elogios de desconhecidos por aquele período, o que muito me alegra. Igualmente bordoadas pela esquerda, pela direita, e algumas dolorosas, abaixo da linha da cintura, que me fazem crer que me aproximei do caminho da independência.

Como repórter que fui e continuo sendo, me agrada mais o papel de perguntador do que o de editorialista. Perguntar não é de esquerda nem de direita. Os que têm alergia a perguntas são, geralmente, os mais chegados ao autoritarismo. Já dizia o ditado corrente na imprensa: "Não existe pergunta incômoda, mas resposta mal dada". As perguntas que contêm ofensas deixamos de lado; perguntas jornalísticas buscam esclarecer questões relevantes para o público ou aspectos meio obscuros de alguma pessoa pública. De forma incompleta e imperfeita, como tudo na vida, fizemos o que estava ao nosso alcance para fornecer um serviço essencial para o telespectador tomar decisões num período crucial (2018/2019) da história do país: informação.

Tenho muito orgulho de ter entrevistado, junto com alguns dos mais brilhantes colegas do país, todos os candidatos à Presidência em 2018, que apresentavam pontuações relevantes nas pesquisas de intenção de voto. Ainda estiveram no centro da roda mais alguns postulantes ao governo de São Paulo, selecionados igualmente pela relevância nas sondagens. Relatar a visão, a partir da vantajosa posição de apresentador do programa, com que as artes do destino me presentearam, é o propósito deste livro.

NAS VOLTAS DO
MEU CORAÇÃO

A entrevista sempre foi para mim a parte mais saborosa da profissão. O contato humano, a descoberta do universo de cada um, a revelação inesperada, o lado desconhecido que de repente recebe um foco de luz são profundamente gratificantes e uma rara experiência.

Creio que nenhuma profissão, além do jornalismo, entrega a alguém um passaporte com poderes tão grandes, para atravessar fronteiras de todos os tipos: territoriais, pessoais, familiares, individuais. A nós, jornalistas, é permitido perscrutar os segredos mais escondidos de um país, de uma casa ou de uma personalidade. O objetivo é mostrá-los ao público. Mas a satisfação pessoal vai além disso.

O jornalismo nos permite o contato com gente de todo tipo, de todos os degraus da escala social e dos guetos mais diversos. Coloca-nos também diante de opiniões e conceitos divergentes, nos permitindo reavaliar sempre nossos próprios conceitos. Faz com que enxerguemos um ser humano mais complexo, para além das aparências e rótulos sociais. Leva-nos a emoções de toda ordem, tudo que nossa curiosidade sugere.

Aos cientistas se paga também pela curiosidade, pela imaginação, para romperem limites do conhecimento – mas em áreas específicas. Aos artistas se paga para surpreenderem os sentidos. Aos jornalistas nos pagam para sermos curiosos numa amplitude que abrange toda a humanidade, todo o planeta. Não à toa somos um pouco megalômanos. Além de tudo, incorporamos uma missão tão desafiadora e sedutora quanto complexa: aproximarmo-nos ao máximo dessa entidade chamada realidade. Carl Bernstein, um dos repórteres que desvendaram o caso Watergate, descreveu a árdua missão do jornalista: "Tentar obter a melhor versão alcançável da verdade".

A entrevista é o momento da descoberta dessa parte nem sempre revelada do outro, da interação com o diferente, do desafio para superar as barreiras superficiais dos disfarces, da quebra do verniz social ou mesmo da revelação da mentira pública. Além de permitir que se atinja um lugar mais verdadeiro e íntimo do ser humano em sua complexidade, sua fragilidade e sua expressão mais reveladoras. Uma entrevista ao vivo na TV é informação em estado bruto, direta ao telespectador. O político perde sua pose, a hipocrisia trinca, a inteligência ou a ignorância se revela em sua plenitude.

Como ensinou a professora Leny Kyrillos, fonoaudióloga e coach dos principais apresentadores da televisão e do rádio brasileiros, o público capta primeiro a expressão facial e corporal do entrevistado, além da forma como as coisas são ditas, e é principalmente isso que o leva a formar sua opinião. Menos de 30% da impressão guardada pelas pessoas que assistem a um programa de TV correspondem ao conteúdo verbalizado. A maior parte da impressão da audiência vem de como as coisas são ditas: a entonação da voz, a dicção, a expressão facial relacionadas ao que está sendo falado. Entre os muitos cursos que fez, Leny se aprimorou com António Sacavém, em Portugal. Ele é membro do Center for Body Language, na Bélgica, instituição onde Leny fez sua formação e certificação.

As pessoas sabem intuitivamente que a palavra, antes de ser dita, passa por uma censura cerebral, nosso lado racional, enquanto o rosto e o corpo mostram o sentimento com muito mais verdade. Quantas vezes a palavra diz uma coisa e o rosto diz outra? O sorriso pode mostrar nervosismo e disfarçar raiva. Um esgar sempre igual indicaria uma mecanização da falsidade. Ao vivo, uma pessoa pode ser desmascarada no sentido literal do termo, perder a máscara ou revelar uma ignorância insuspeita, uma insensibilidade não admitida ou esperteza e sagacidade incomuns.

Por todas essas razões, a entrevista ao vivo em rádio e TV é mais espontânea e reveladora para o grande público do que a de outros meios, e exige dos profissionais ferramentas de conhecimento e agilidade cerebral semelhantes ou mais velozes. A entrevista e o debate ao vivo oferecem um imediatismo, um realismo, que só a riqueza do contato humano e a exibição inteira e transparente proporcionam. O entrevistador pode ficar com cara de tacho diante de uma resposta bem dada, assim como o entrevistado, escorregar do cavalo em uma resposta impensada ou simplesmente burra.

Isso acontece desde o primeiro debate presidencial televisionado em 1960. O público americano pôde assistir à performance desinibida e natural do jovem candidato democrata John Kennedy, que derrotou o republicano Richard Nixon, pouco afeito às câmeras de TV.

O debate televisionado foi, certamente, muito importante aqui no Brasil, em 1989, na disputa entre Lula e Collor. Mesmo sem levar em conta a discutida edição feita pela TV Globo e exibida posteriormente, que teria prejudicado o petista, a própria assessoria de Lula reconhece que, naquela primeira tentativa de alcançar a Presidência, o sindicalista não havia se preparado adequadamente: não descansou durante o dia, não estudou o adversário como deveria, não se vestiu de forma apropriada, apareceu suado e nervoso diante das câmeras.

O formato do *Roda Viva* potencializa todas essas informações – corporais, faciais, verbais – que o entrevistado passa ao público. São no mínimo seis entrevistadores, profissionais da curiosidade, bem informados, movidos pelo desejo de revelar o máximo de um entrevistado ao longo de mais de uma hora.

O *Roda Viva* multiplica, portanto, por seis ou mais vezes, o prazer e a riqueza da entrevista e das informações transmitidas ao público. "Não basta o entrevistado ser relevante, é importante fazer uma entrevista relevante",[9] propuseram os inventores do programa. Nos últimos tempos com a audiência rarefeita, em termos de Ibope, eu não tinha muita noção da repercussão que o programa poderia alcançar antes de iniciar meu trabalho no *Roda Viva*. Mas estava disposto a buscá-la.

---

[9] *Roda Viva, 18 anos*, op. cit.

O TEMPO RODOU
NUM INSTANTE

Naquele início de 2018, admito, mal acompanhava o que se passava na TV Cultura. Foi uma gratíssima surpresa quando, por intermédio de amigos comuns, o conselheiro e ex-presidente da Cultura, Jorge Cunha Lima, pediu meu curriculum vitae com urgência para ser apresentado ao Conselho Curador da TV. "Poxa! *Roda Viva*!", nunca havia pensado nessa possibilidade.

À época, estava focado nas colaborações para o jornal *Valor Econômico*. Sentia muita alegria do retorno à escrita e às reportagens no suplemento *Eu & Fim de Semana*. Voltei à velha e boa imprensa de papel. Tinha passado um bom tempo distante das "pretinhas", apelido carinhoso das letrinhas impressas. Nove anos na TV Globo, meu mais longevo emprego, como chefe da produção e pauta do *Jornal Nacional* em São Paulo, por menos de um ano, e na GloboNews, como repórter e apresentador pelo restante do tempo.

Em seguida, passei quatro anos (entre 2002 e 2006) como chefe da comunicação da Câmara Americana em São Paulo (Amcham), pulando pela primeira vez na carreira para o outro lado do balcão, o das relações públicas e divulgação.

Como trabalhei boa parte da minha vida no Rio de Janeiro e na redação da TV Globo de São Paulo, desconhecia o que se passava naquele momento na Cultura. Nem sabia que o cargo de âncora do *Roda Viva* estava em discussão. Não conhecia a estrutura da TV, com suas peculiaridades. Chamou-me a atenção que coexistiam dois presidentes diferentes, nem sempre afinados: um do Conselho Curador da Fundação Padre Anchieta, órgão máximo que dirige o patrimônio, a rádio, os diversos canais, além de zelar pelos princípios estabelecidos desde sua formação; e outro que funciona como um executivo, um CEO com amplos poderes, da Fundação e seus veículos, rádio e TV, este o mais importante. O executivo é eleito e nomeado pelo Conselho Curador. Na ocasião, o conselho era presidido pelo sociólogo Augusto Rodrigues, e a Fundação, portanto a TV, pelo ex-secretário estadual de Cultura, Marcos Mendonça.

O programa eu conhecia dos tempos das entrevistas antológicas com Quércia, Lula, Collor, Brizola, Ayrton Senna e Dercy Gonçalves. Não sabia sequer (que vexame!) que meu ex-chefe na revista *IstoÉ*, Jorge Escosteguy, falecido em 1996, havia passado um bom tempo como âncora do programa, entre 1989 e 1994.

Em 2017, bem antes portanto do convite, fui apresentado ao ex-presidente da Cultura, Jorge Cunha Lima, num momento em que ele estava afastado da TV Cultura, e eu, sem emprego. Nossas conversas então giravam sobre assuntos bem distantes da televisão e tinham mais a ver com a cultura em geral. Na época, explorávamos a possibilidade de entrar no promissor mercado de palestras e chegamos a nos encontrar com empresários da área.

Muitos anos antes, eu tinha ido algumas poucas vezes à sede da TV Cultura, uma para participar do saudoso *Observatório da Imprensa*, de Alberto Dines, outras para me espremer com colegas jornalistas na porta de entrada, à espera da passagem de algum político importante, a caminho ou na volta da entrevista no *Roda Viva*.

Soube, bem depois da minha contratação, que a ideia da troca do âncora do *Roda Viva* já vinha sendo discutida desde o início de 2018. Em 19 de fevereiro, a ata da reunião do Conselho Curador propunha a escolha de um novo âncora "com isenção crítica, repúdio ao racismo e ao discurso de ódio".[10] Desde então, a direção começara a procurar um substituto para o âncora Augusto Nunes, duas vezes apresentador do programa (1986-1989; 2013-2018) e integrante da bancada de entrevistadores em outros períodos.

Segundo os conselheiros, o *Roda Viva* vinha perdendo audiência e relevância. Além disso, se afastava claramente dos princípios estabelecidos desde a criação do programa. Constantemente entrava em conflito com o próprio nome *Roda Viva*, que pressupunha compromisso com ideais democráticos e não com os alérgicos a debate, que começavam a despontar mesmo antes das eleições de 2018.

Para piorar o quadro, pesquisas internas revelavam que os telespectadores do *Roda Viva* se concentravam na faixa etária acima dos 50 anos. Muitos deles vinham abandonando progressivamente o programa, como me relataram vários conselheiros, porque estaria tendencioso, repetitivo, previsível e com bancadas monocórdias.

Enviei meu currículo e fiquei na torcida. Não sabia se tinha concorrentes ou quais seriam eles. A primeira notícia não foi animadora. A maioria no Conselho Curador não tinha

---

[10] Atas do Conselho Curador, disponíveis no site da Fundação Padre Anchieta.

a menor ideia de quem eu era, enquanto alguns concorrentes eram bem conhecidos. Grande pretensão achar que depois de oito anos no vídeo da GloboNews, mais outros tantos na TV Manchete e no *Bom Dia Rio*, meu nome seria lembrado. Os cerca de 50 integrantes do Conselho Curador ficaram de buscar informações com suas próprias fontes, saber quem era quem, e depois se pronunciariam.

Estava fresca na memória do grupo a recente demissão de William Waack da Globo, por conta de uma piada de tom racista feita fora do ar, numa transmissão ao vivo de Washington, mas captada e depois veiculada. Seu nome, preferido por muitos, enfrentava essa objeção. Outro forte concorrente tinha um perfil mais ligado a humor e performance. Uma terceira não tinha experiência em TV. Nesse bate-rebate dentro da área do Conselho Curador, a bola sobrou para mim com o gol aberto.

Consta que as assombrações mais conservadoras da TV Cultura se alvoroçaram bastante ao receberem a notícia de que teriam um novo âncora no *Roda Viva*, não escolhido por eles: "Mas ele vai querer mandar em tudo?", teriam resmungado em conversas ouvidas por conselheiros. A solução encontrada por alguns deles, mais experientes, para acalmar os espíritos contrariados, foi sugerir que se fizesse um contrato de curta duração, seis meses, para o caso de o meu comportamento lhes ser intolerável. Assim foi feito.

Havia uma certa urgência em afastar o então âncora Augusto Nunes. Seu posicionamento a favor do candidato conservador Jair Bolsonaro ficava mais incômodo, claro, porque ele participava ao mesmo tempo como comentarista diário na Rádio Jovem Pan. Por vezes, mencionando criticamente entrevistas feitas no dia anterior no *Roda Viva*.

A preferência política dele acabava respingando em toda a TV Cultura e nos próprios conselheiros – o que deixava desconfortáveis muitos deles, com suas histórias mais ligadas à social-democracia e ao PSDB. O agravamento da polarização entre esquerda e direita se acelerava no país e se refletia, como não poderia deixar de ser, no Conselho da Fundação Padre Anchieta.

Enquanto rolavam as consultas e discussões sobre a substituição, tive tempo para me informar melhor sobre o que estava se passando e o que acontecera no *Roda Viva*. Conversei com alguns colegas que ocuparam a cadeira de âncora e outros que foram conselheiros. Busquei entrevistas de meus antecessores, discussões, artigos de jornais. No YouTube, descobri uma entrevista da Marília Gabriela, âncora do programa entre agosto de 2010 e agosto de 2011, em que ela dizia que a função significava sucesso para uma carreira jornalística. Acreditei, vindo de quem vinha, e senti o peso da responsabilidade.

Lá por meados de março, Nunes foi então comunicado que seu contrato não seria renovado e programou sua despedida com um *Roda Viva* blockbuster. No centro, ninguém menos que o então juiz Sergio Moro, com a popularidade turbinada a jato, como o grande caça-corruptos do país.

Julgado suspeito pelo STF, em junho de 2021, por atropelar boas práticas da Justiça, na perseguição ao ex-presidente Lula, o então juiz Moro batizou, junto com seus procuradores, sua operação de Lava-Jato, atropelando também o vernáculo. Lavam-se jatos apenas nos aeroportos. Os donos de postos de gasolina usavam "lava-rápido" e depois que começaram a usar máquinas com jatos de água, adotaram "lava-a-jato". Em seguida, sem compromisso com o português, ignoraram a preposição e adotaram o Lava-Jato.

Sem discussões linguísticas e poucos questionamentos inamistosos, o *Roda Viva* com o juiz registrou recorde de audiência do programa segundo o Ibope: 3,8 pontos, com 6,3% de *share* (participação na audiência geral do horário). O programa de Moro teve 2,8 milhões de visualizações no YouTube.

Mas a audiência do *Roda Viva* estava mudando rapidamente durante o ano, com uma migração acentuada da TV aberta para as mídias sociais. Em julho do mesmo ano, o *Roda Viva* com Bolsonaro chegou perto de nove milhões de visualizações no YouTube e ficou com 2,3 pontos no Ibope e 3,8% de *share*.

A mudança do público do programa da TV aberta para a internet fica clara quando cotejada com os programas recordistas em audiência pelos números do Ibope: Bolsonaro perde para Marta Suplicy em 2000 (quando foi candidata à Prefeitura de São Paulo), que alcançou 2,4 pontos, e para Aécio Neves em 2014 (candidato à Presidência), que chegou aos mesmos 2,4 pontos, porém com *share* menor que Marta.

No meio de março, fui convidado para um almoço com o presidente da TV, Marcos Mendonça, e o ex-presidente e conselheiro vitalício, Jorge Cunha Lima. Em um restaurante de carnes, nos reunimos para bater o martelo, falar das condições salariais, de contrato e já combinar a estreia para abril.

Fechadas rapidamente as formalidades, eu esperava alguma orientação sobre meu papel como âncora, o que não ocorreria daquela vez. Como estava com uma viagem marcada para o exterior e não podia desmarcar, voltaria só no dia 9 de abril, dia da minha estreia. Morri de medo de um atraso do avião. Mas deu tudo certo. Cheguei de manhã no aeroporto de Guarulhos e à noite já estava ao vivo no estúdio.

EIS QUE CHEGA
A RODA VIVA

Se algum inimigo tivesse programado minha estreia, não teria feito melhor. Nada de pompas ou fanfarras como as que eu veria acontecer, com indisfarçada inveja, para as novas âncoras que me substituíram. Nenhum entrevistado especial foi anunciado. A TV soltou um chocho release informando apenas sobre a troca dos apresentadores, sem esclarecer os motivos. Assim, eu começaria meu trabalho como o âncora número 13 do *Roda Viva*.

O primeiro "Valendo!" (o comando que o diretor de TV manda ao apresentador, para avisar que o programa entrou no ar) que ouvi da minha cadeira soou bastante tumultuado. Minha estreia foi como mediador de um debate. O tema do programa foi decidido tão em cima da hora que a equipe de produção mal teve tempo de convidar e escolher os participantes. O tema era amplo: a Justiça no Brasil, a interferência do STF na política, incluindo aí as investigações da Lava-Jato, e a recente prisão do ex-presidente Lula (em 7 de abril de 2018). Cinco cientistas políticos foram convidados e eu tentava dar um mínimo de ordem no fogo cerrado de opiniões divergentes.

Até mesmo o ícone (uma arte cenográfica) com o tema do debate, que ocupa o centro do *Roda Viva* na ausência de um entrevistado, fora improvisado, porque não haveria tempo hábil para o departamento de arte produzir outro mais adequado. A pauta do programa ficou sendo o genérico "O peso da lei", com um ícone utilizado nove meses antes. Mas quem se lembraria? Era um título suficientemente amplo e vago, reaproveitado para a minha estreia. Não sabia, mas já soava como um aviso de que não teria vida fácil por ali.

Logo soube que a necessidade de improvisação não era incomum. Decisões de ultimíssima hora para trocar entrevistadores ou mesmo entrevistado e ampliar a bancada de entrevistadores eram comunicadas pela presidência da TV ao departamento de jornalismo e esse último transmitia à pequena equipe de produção do *Roda Viva*, com apenas um recado de "cumpra-se ou vire-se". Em último caso, um repórter da própria emissora era improvisado como entrevistador. Na falta de um entrevistado, um antigo programa podia ser repetido.

Para meu espanto, não havia uma rotina de reuniões de pauta, algo impensável durante as minhas quatro décadas de jornalismo. Qualquer jornal, revista, programa de televisão tem reunião de pauta. Nos jornais diários, a pauta é o momento da manhã, em que o editor-chefe se reúne com os editores de área para ouvir as melhores ideias de coberturas e reportagens do dia. As que podem estar na primeira página do jornal que será impresso de noite e chegará às bancas no dia seguinte. Com o andamento dos fatos, no passar das horas, o jornal vai se adaptando – um acidente sério, um desastre natural, uma mancada presidencial, tudo vai alterar o planejamento feito pela manhã. Jornalistas brincam que na reunião de pauta decide-se sempre por um *New York Times* e no final do dia sai o que é possível. O que era nota de pé de página pode virar manchete e o que era manchete pode simplesmente ser esquecido.

Nas revistas semanais, as reuniões são geralmente na segunda-feira, para se programar a revista que sairá no sábado, começando a ir para a gráfica na quinta com os cadernos mais frios, e a política e a economia ficando para o último minuto. Com o tempo mais elástico, as reuniões de pauta das revistas podem se estender por mais duas, três horas. Nos diários, ficou famosa a providência de Ben Bradlee, editor-chefe do *Washington Post* na época de Watergate, de fazer a reunião de pauta em pé, para acelerar o processo e evitar a falta de objetividade de alguns editores.

O *Jornal Nacional*, no início dos anos 2000, quando lá trabalhei na sucursal de São Paulo, tinha uma reunião de pauta que começava às 9h da manhã, a chamada "reunião de caixa". A caixa era o alto-falante que reproduzia as vozes de cada chefe de sucursal (isso era feito por via telefônica). Eles "vendiam" suas pautas, isto é, faziam suas propostas sobre a cobertura mais relevante em sua região. O âncora e editor-chefe do *JN*, William Bonner, costumava comandar essa reunião diária, aprovando ou desaprovando as ideias.

Como se trata de um noticiário que resume os fatos mais quentes do dia, tudo se modificava entre as propostas da manhã e o momento em que as reportagens eram levadas ao ar, às 20h30. Mas o esqueleto do jornal estava montado, e a agenda do dia aponta muito do que se pode esperar até a noite. Os fatos teimam, entretanto, em acontecer a qualquer hora. Os mais impactantes atropelam o planejamento da pauta. Mas, na manhã seguinte, estão todos, editores, produtores, chefes de sucursal, prontos para a reunião de pauta, preparando um novo jornal.

Antes de minha temporada no *Roda Viva*, segundo os relatos da equipe, entrevistados, entrevistadores, temas do programa eram combinados por telefone entre o presidente da TV e o âncora. O diretor de jornalismo só precisava tomar as providências logísticas, como buscar o entrevistado, os entrevistadores, ver onde se sentariam. No máximo, sugeria algum entrevistador para tapar uma eventual lacuna na bancada.

Havia algum tempo, porém, que a monopolização da pauta do *Roda Viva* pelo presidente da TV em sintonia com o então âncora não vinha agradando ao Conselho Curador, que tem como missão prevista em estatuto dar diretrizes à programação e velar pelo caráter independente da Fundação. O fato é que as pressões foram se acumulando até obrigar o presidente, Marcos Mendonça, a trocar o âncora, seu parceiro desde 2013. Quando comecei no programa, por uma ingenuidade que não depõe a meu favor, ignorava o jogo político que se desenrolava nos bastidores. O ex-presidente Jorge Cunha Lima havia sido o indicado pelo Conselho Curador para reorientar politicamente o programa e afastar a fama de conservadorismo que já se formava. Coube a ele também a missão de organizar as reuniões de pauta regulares, mesmo com a má vontade evidente do presidente da TV.

Na primeira reunião de pauta, ficou estabelecido, por proposta de Jorge Cunha Lima, que procuraríamos o equilíbrio na condução e na formação da bancada dos entrevistadores. Importante, especialmente para o período de eleições que se avizinhava.

Combinamos que faríamos reuniões todas as quartas às 15h. Providência aprovada, mas nem sempre cumprida, por alegadas múltiplas ocupações do presidente da TV. Naquele momento eu não entendia direito por quê. Imaginava que um programa jornalístico mereceria apoio unânime. Além do presidente, Marcos Mendonça, do ex-presidente Jorge Cunha Lima e de mim, participavam das reuniões o diretor de jornalismo, Ricardo Taira, o diretor de marketing e mídias digitais, Ricardo Fiuza, e o editor-produtor-chefe do *Roda Viva*, Carlos Taquari.

Até então, eu desconhecia como a maioria dos integrantes da reunião pensava e não suspeitava que eu poderia ser alvo de hostilidades. Mas uma constatação era óbvia: muitos chamavam o presidente da TV de *doutor* Marcos e estavam submetidos a ele por hierarquia funcional, ou seja, podiam ser demitidos. O conselheiro Cunha Lima era vitalício e, como ex-presidente, tratado com muita deferência. Eu tinha um contrato de prestação de serviços de curta duração como pessoa jurídica e não dependia da hierarquia funcional.

A reunião acontecia na antessala do gabinete do presidente, um salão de mais de 20 metros de comprimento por cerca de cinco de largura, que dispõe de dois ambientes. O primeiro, mais perto da entrada e da sala das secretárias, onde realizávamos nosso encontro, era menor, mas suficiente para 12 a 16 pessoas sentadas. Nas paredes, recortes de jornal com entrevistas do ocupante. A sala ao lado era o amplo salão de trabalho da presidência, com confortáveis poltronas, quadros doados por pintores de renome, mesa de centro com livros de arte e troféus ganhos pela TV.

Para chegar lá, atravessei pela primeira vez as rampas e os corredores do prédio da direção da Cultura, onde fica também a sala de reunião do Conselho Curador, um auditório com capacidade para cerca de cem pessoas. Quadros de grandes proporções de alguns dos principais pintores brasileiros, de

Rubens Gerchman a Tomie Ohtake, adornam as paredes no caminho, sinalizando respeito e homenagem solene à cultura, razão de ser da casa.

Desde o início, a reunião de pauta virou o principal fórum de negociação política para decidir os rumos do *Roda Viva*. De alguma maneira a polarização do país já se expressava ali, com os mais conservadores tendendo a se alinhar com o candidato Bolsonaro e, ao mesmo tempo, tentando caracterizar as propostas contrárias de petistas ou esquerdistas.

De qualquer forma, naquela reunião havia espaço para discussões. Os diretores com ideias mais conservadoras eram obrigados a argumentar, ouvir opiniões e propostas diferentes das suas.

Mais de uma vez, Cunha Lima precisou usar sua experiência, diplomacia e história para enquadrar os conservadores de plantão, que por vezes tentaram desrespeitar as decisões da reunião de pauta.

Mas o decidido na quarta-feira, como a lista de possíveis entrevistados e entrevistadores, nem sempre era mantido até o programa ir ao ar na segunda-feira. A reunião de pauta era apenas o início de um processo, que teria idas e vindas, negociações e atropelos, uma verdadeira esgrima política.

Não à toa, todas as vezes em que Jorge da Cunha Lima tinha que se ausentar (estava em tratamento de saúde), as forças ocultas da TV Cultura procuravam jeitos de introduzir protegidos, entrevistados ou entrevistadores no *Roda Viva*. Percebendo essas tendências paranormais, não era sem esforço que o octogenário fazia questão de comparecer às reuniões de pauta, mesmo com pulseira de internação em hospital ou acesso ainda preso na veia, na correria entre os médicos e a TV.

Uma *avant-première* dos enfrentamentos que iriam se repetir ao longo do ano surgiu logo na primeira reunião. Em vez de pauta, o presidente da TV propunha colocar em debate uma avaliação da minha performance. Chegou a se encaminhar para a TV da sala para expor todos os tropeços da minha estreia.

Senti a primeira cilada. Aleguei que era pouco significativo discutir minha atuação em um único programa e propus que tratássemos dos assuntos da semana seguinte e do futuro do *Roda Viva*, que precisavam de decisões urgentes. Com o apoio de Cunha Lima, escapei da primeira casca de banana. Como não aconteceu nenhum desastre na estreia, apenas alguns atropelos entre os participantes, seguimos adiante.

A TV Cultura era para mim um ambiente praticamente novo. Adorei descobrir que a travessa que ladeia o terreno da instituição se chama Vladimir Herzog, como também a redação, batizada em sua homenagem. Herzog, que morreu em outubro de 1975, quando eu começava no jornalismo, tornou-se um ícone da liberdade de imprensa e da luta contra a ditadura militar.

A morte do então diretor de jornalismo da TV Cultura, nas dependências do exército em São Paulo, causou grande impacto no país. Uma semana depois da notícia de sua morte, numa farsa de enforcamento num suposto suicídio, oito mil pessoas lotariam a Praça da Sé para uma cerimônia ecumênica celebrada pelo cardeal Dom Paulo Evaristo Arns e pelo rabino Henry Sobel.

Creio que qualquer jornalista se sentiria honrado em participar desse ambiente. Agradava-me bastante afastar do programa a fama de direitista e pouco diverso, em termos de entrevistados e entrevistadores. Além de poder enveredar por um caminho mais alinhado com a memória do mártir do jornalismo e mais coerente com o próprio nome de batismo do programa.

Logo depois da minha contratação, tive uma rápida reunião com um comitê executivo, formado por conselheiros da Fundação Padre Anchieta, encarregado de selecionar o novo nome para o *Roda Viva*. Deles recebi algumas orientações, que entendi serem as recomendações da direção maior da TV: o programa precisava de mais debate, mais calor, mais antagonismo, para que voltasse a ter mais relevância e repercussão. Minhas três linhas mestras deveriam ser: mais diversidade, mais relevância e mais equilíbrio.

Ali começou a ficar claro para mim que eu não havia sido contratado pelo presidente da TV, embora ele assinasse meu contrato, e sim pelo Conselho Curador da Fundação Padre Anchieta. No almoço que tivemos, o presidente, Marcos Mendonça, não apresentou qualquer esboço de ideias para o *Roda Viva*, apenas mencionou sem muito ânimo que encontrara com um amigo em comum, meu colega de turma na faculdade, e ele havia feito boas referências a meu nome. Nenhum direcionamento, nenhuma opinião ou observação. Preocupação, apenas com o celular e o churrasco em seu prato.

Acreditei, até por falta de opção, que seria melhor seguir as orientações do comitê de conselheiros que havia conhecido. Era mais prático e prazeroso. Afinal, as orientações estavam totalmente de acordo com o que eu pensava. Mais diversidade, mais relevância naquele momento: tudo o que eu queria. As duas primeiras recomendações eram para mim alcançáveis. A terceira, equilíbrio, era mais subjetiva. Interpretei como uma meta, um esforço para buscar o caminho do meio, dando oportunidades a vozes de vários cantos do espectro ideológico.

Tinha consciência de que minha contratação para o *Roda Viva* era atípica; final de governo Alckmin, que seria substituído pelo vice, Márcio França, por sua vez candidato na eleição seguinte; tempos de transição política. Imaginei que funcionaria como uma espécie de mandato tampão, até que o próximo governador assumisse e mudasse tudo na TV, como já era tradição. Ou poderia acabar antes mesmo. Meu contrato inicial era de seis meses apenas, depois seria prorrogado de dois em dois ou três meses.

Pensei, então, que precisava fazer as coisas acontecerem bem rapidamente, porque não queria deixar passar em branco a oportunidade. Mãos à obra para encarar a primeira meta, a meu ver a mais facilmente alcançável: aumentar a diversidade e a pluralidade no programa. Primeiro convidado: Celso Athayde, criador da Central Única das Favelas, negro, presidente da Favela Holding, central de negócios que tem como objetivo dar empregos em comunidades. Ele havia feito parcerias com grandes empresas, como Natura, Procter & Gamble, entre outras.

Athayde recebeu diversos prêmios como empreendedor, foi capa de revistas de negócios. Mais recentemente firmara parceria com a Globo para a promoção de campeonatos de futebol entre favelas. Ninguém discordou da minha proposta e gravamos com ele o que seria meu primeiro e único programa-piloto, um ensaio geral para o apresentador.

Acabou que todos gostaram do resultado e o programa-piloto foi ao ar na semana seguinte após minha chegada (16/04/2018). Foi também o primeiro em que participei da produção, do começo ao fim: escolha do entrevistado, dos entrevistadores e a realização da entrevista. Um negro no centro da roda, ex-trombadinha confesso, ex-morador de rua que virou empresário. Ele tinha uma história de superação incontestável, mas que não foi bem digerida por todos os telespectadores. Meu nome passou imediatamente a ser associado à esquerda. "Petista!", "esquerdista", "esquerdopata", "terrorista" foram algumas das delicadas mensagens de boas-vindas e sutis epítetos que recebi pelas redes sociais.

Nada que me machucasse, ainda bem. Continuei perseguindo as linhas mestras traçadas pelo Conselho da FPA. Em todas as bancadas de entrevistadores, seja qual fosse a entrevista, procurei incluir profissionais negros e mulheres, numa tentativa de melhor representar a população brasileira. Quando o tema foi feminismo, fizemos bancadas só femininas, assim como montamos bancadas apenas com negros, quando o tema foi racismo.

Muitos deles eram recebidos, porém, com narizes torcidos, por gente que em público se apresentava como antirracista e antidiscriminação de gênero. Não tive facilidade para encontrar indígenas para participar do programa. Enviei convites a Ailton Krenak, a quem conheço de longa data, e outros líderes. Mas as agendas não combinavam. Consegui finalmente levar Marcos Terena, lúcido descendente dos habitantes originais destas terras, para a entrevista com o jornalista americano Larry Rohter, sobre a biografia que havia escrito do marechal Rondon[11] (24/06/2019).

A polarização, entretanto, já acirrara naquele momento o debate nacional, especialmente no campo mais obscuro da internet. O jornalista Zuenir Ventura, convidado para o meu terceiro programa, foi preciso em sua coluna de *O Globo*:

---

[11] *Rondon, uma biografia*, Larry Rohter, Editora Objetiva, 2018

"Nunca a direita foi tão despudorada". Frase profética, que se amplificaria até as eleições de outubro. Mais que despudorada, a direita ficaria escancarada, desnuda, explícita e pornográfica. O programa (23/04/2018) marcou os 50 anos dos movimentos sociais de 1968, assunto de seu livro *1968 – O ano que não terminou*[12], então relançado pela Editora Objetiva, depois de quase meio milhão de exemplares vendidos.

Em abril de 2018, estava claro para mim (e creio que para qualquer jornalista de bom senso), como também para Cunha Lima, que o assunto do ano era a campanha eleitoral. Apresentavam-se para disputar a Presidência 14 candidatos nas pesquisas de intenção de voto – dos quais oito, os que mais pontuavam, planejamos entrevistar. Até o início do período de restrição imposto pela lei eleitoral, dia 1º de agosto, teríamos disponíveis 14 segundas-feiras (dia dos programas ao vivo).

Para a presidência da TV, entretanto, a pauta não era tão óbvia. Ocupar quase todos os programas até o fim de julho com pré-candidatos parecia, por algum motivo, incomodar. Comodismo, medo, interesses contrariados? Não dava para saber. Vamos consultar o departamento jurídico, propuseram. Meu Deus, pensei eu, vamos cair num intransponível emaranhado burocrático-legal.

Com a campanha se avizinhando, em um período eleitoral que prometia ser bem conturbado, decidimos começar a convocar os candidatos ao posto de principal mandatário do país. Sem dar muito tempo para o tal departamento jurídico, que jamais se pronunciou. Depois que começamos a série de entrevistas, já era difícil reverter o fato consumado.

---

[12] Primeira edição pela Nova Fronteira, em 1988.

Não foi difícil encontrar e convidar os candidatos à Presidência. O PT, com Lula preso, embora presente em várias pesquisas, demoraria a indicar seu nome. Com a nova legislação eleitoral, o tempo de TV seria restrito, entre agosto e outubro. Os presidenciáveis, com exceção dos líderes das pesquisas de intenções de voto, Bolsonaro e Alckmin, pareciam sedentos por espaço para expor suas ideias. E nós para ouvi-los.

NÃO POSSO
FAZER SERENATA

Para o leitor ter mais clareza sobre como é feito o *Roda Viva*, é preciso que entenda um pouco como se movem as engrenagens dentro daquele grande conjunto murado, de 28 mil metros quadrados, a sede da Fundação Padre José Anchieta, que abriga a TV e a Rádio Cultura de São Paulo. São estúdios, cenários, prédios de escritórios, oficinas e corredores, por onde circulam cerca de mil pessoas diariamente. O vasto terreno arborizado começa na pequena Rua Vladimir Herzog e tem uma frente de quase 300 metros na Rua Cenno Sbrighi, Água Branca, já perto da Marginal do Tietê.

Desde sua criação, em 1967, pelo então governador nomeado pelo governo militar Abreu Sodré, a Fundação Padre Anchieta, Centro Paulista de Rádio e TV Educativa, como entidade independente, oscilou conforme a tendência mais liberal ou mais autoritária e intervencionista dos governos estaduais.

Inspirado nas TVs públicas americana ou inglesa, como a NBC e a BBC, com uma composição que variou ao longo do tempo, o Conselho Curador da Fundação, teve como missão resguardar os princípios de sua constituição. Procurou abrir espaços a programas mais independentes, mas, muitas vezes, acetiou as duras imposições da realidade financeira e do governo de plantão, principal financiador das operações de televisão e rádio.

Em algumas ocasiões rebelou-se, como durante os governos de Paulo Maluf e José Maria Marin, quando estes quiseram mudar os estatutos da Fundação e cassar sua característica de entidade de direito privado. Com a primeira eleição direta para o governo de São Paulo, de Franco Montoro, ganhou mais fôlego. Nesse contexto é que foi criado o *Roda Viva*, herdeiro de iniciativas anteriores da TV Cultura, como o *Vox Populi* (1977) e o *Boca do Povo* (1979).

O *Roda Viva* é considerado a atração mais importante da TV Cultura pelos integrantes do Conselho Curador. É o programa a que assistem e dão importância, segundo me alertaram logo nos primeiros dias. Ele dispõe, no entanto, de uma equipe pequena, nem sempre com prioridade na redação, que precisa produzir dois jornais diários de uma hora cada: o *Jornal da Cultura*, que ocupa o horário nobre noturno, e o *Jornal do Meio-Dia*.

A redação enxuta, com muitos freelancers, cerca de cem jornalistas, entre repórteres, editores, produtores e chefes, se vira para produzir duas horas de programação diária, além dos projetos especiais ou alguns inventados em cima do laço, sempre com verba exígua.

A equipe se divide em dois turnos, manhã e noite. Cada uma dispõe de quatro "equipamentos", o que significa, na linguagem da televisão, a equipe que faz as reportagens para os jornais: cada uma com repórter, cinegrafista e auxiliar. Se cada uma delas for bem-sucedida – ou seja, se o equipamento não quebrar, o entrevistado não desmarcar etc. –, pode produzir uma matéria de três ou quatro minutos por dia. No total, cerca de 16 minutos de reportagem no ar para cada jornal, na melhor das hipóteses.

Como preencher os outros 45 minutos? Eis a façanha diária da redação. A Cultura usa imagens e reportagens de emissoras afiliadas – quando elas produzem algo de repercussão nacional –, pois a própria TV não tem correspondentes em outras cidades. Nem mesmo em Brasília conta com um escritório; há apenas um ou outro abnegado freelancer, que geralmente fica pouco tempo na emissora, sendo logo requisitado no mercado altamente demandante da capital do país. A TV Cultura conta, entretanto, com a solidariedade das outras emissoras, que cedem imagens, em um acordo de cavalheiros. Às vezes, em troca de suas preciosas imagens de arquivo.

O *Jornal da Cultura* tem ainda os comentaristas, que independentemente de suas especialidades, precisam falar sobre os diversos assuntos do dia. Alguns são fixos e lançam mão de um repertório vasto para não escorregar em temas que não entendam, mas outros, nem tanto. Um pouco depois da minha entrada, pedi ao departamento de jornalismo para não ser obrigado a encontrar na TV Cultura com alguns comentaristas que se especializaram em repetir todas as noites a mesma catilinária antiLula, no *Jornal da Cultura*. E fui atendido. Durante o tempo que estive lá, não os vi mais.

Em minha primeira visita à redação Vladimir Herzog, fui apresentado a todo o pessoal pelo diretor de jornalismo, Ricardo Taira, de quem recebi as boas-vindas. Conhecia de outras redações muitos dos jornalistas que ali estavam e me senti acolhido. Naquele momento percebi que, daquela equipe, eram poucos os que pertenciam ao *Roda Viva*. Havia um editor-chefe, Carlos Taquari, responsável também por outro programa semanal e ligado diretamente ao diretor de jornalismo.

De produtores havia a experiente Dina Amêndola, dona

de um dos melhores cadernos de telefones da imprensa, e Fernando Campanini, jovem profissional. O *Roda Viva* ainda dispunha de um pauteiro, Gabriel Carvalho, e de uma editora, Rachel Belo de Azevedo, frequentemente requisitada por outras atrações. A equipe tinha direito a alguns poucos horários nas ilhas de edição para produzir o vídeo de cerca de um minuto e meio da abertura e precisava brigar para fazer outros pequenos, que podiam entrar no meio do programa.

Como apresentador, contratado temporariamente como pessoa jurídica e, portanto, fora da hierarquia da TV, entendi logo que não mandava apagar ou acender a luz dos estúdios. Nem comandava a equipe de produção, subordinada ao diretor de jornalismo, a autoridade imediata sobre eles. Por sua vez, o diretor de jornalismo é subordinado ao presidente da TV e funciona como elo entre o presidente e a equipe do *Roda Viva*. Essa é a engrenagem. Eu entrava ali como uma peça, importante é verdade, mas nem sempre decisiva.

A equipe do programa não era "minha" equipe. Não nomeara ninguém, também não podia exigir muita coisa. No dia a dia, procurava ganhar a cumplicidade dos colegas para convidar entrevistados e entrevistadores que julgava mais impactantes e atuais. Conversava e recebia as opiniões. Era atendido conforme decisão da direção de jornalismo, que seguia a hierarquia da TV. Como fora contratado pelos curadores da Fundação e contava com o apoio de Jorge Cunha Lima, eu era respeitado pela equipe, com maior ou menor gosto, mas não tinha o comando final.

Não fossem as constantes negociações e protelações, vetos e aprovações de entrevistados e entrevistadores pela burocracia reinante, a reduzida equipe do *Roda Viva* seria mais que suficiente para produzir um programa semanal de pouco mais de uma hora, com mais entrevista do que imagem e texto. No entanto, decisões que deveriam terminar na reunião de pauta, como a escolha do entrevistado e dos entrevistadores, se arrastavam, deixando a produção em suspense e paralisada por dias a fio. Era uma rotina estressante para a equipe, que ficava como que pendurada à espera das decisões da presidência. Dezenas de telefonemas eram disparados para o diretor de jornalismo, que por sua vez ligava para a direção da TV, que por algum motivo nunca decidia de pronto nem seguia o que havia sido decidido na quarta-feira anterior, na reunião de pauta, como seria de se esperar. Motivos insondáveis rondavam aquelas protelações recorrentes.

VIOLA NA RUA
A CANTAR

Sempre achei que jornalismo é uma coisa só, impresso diário, impresso semanal, radiofônico, online ou televisivo. Os princípios são os mesmos, quanto ao respeito à importância dos fatos, o que deve ser destacado, desenvolvido e contado. Uma manchete é uma manchete em qualquer mídia. Apenas o modo de transmitir os fatos é diferente. Não creio que haja barreira intransponível entre eles. Passei com gosto da Olivetti à internet, por todo tipo de veículo.

Grandes jornalistas de texto se tornaram grandes jornalistas de TV ou rádio. O inverso pode ser mais complicado. Não que a passagem de um meio para outro seja simples e não dê trabalho. Apanhei bastante para entender na prática a máxima de McLuhan[13]: "O meio é a mensagem".

Para o texto do jornalismo impresso, aprendi as regras básicas de lide (o primeiro parágrafo que deve cativar o leitor e responder às perguntas básicas: quem, o quê, onde, quando, como e por quê) e da pirâmide invertida (ou seja, o que é mais importante vem acima). Há uma máxima entre os jornalistas

---

[13] Marshall McLuhan (1911-1980), canadense, considerado um dos grandes filósofos da comunicação. Foi ele que cunhou o termo "aldeia global", com o alcance cada vez maior das telecomunicações, bem antes do surgimento da internet.

que resume bem se um texto tem ou não importância, merece ou não ser publicado: se não tem lead, não tem manchete; se não tem manchete, não tem texto.

Para as revistas semanais, procurei aprender as manhas do encadeamento de parágrafos e do encerramento do texto, que nos jornais diários é geralmente inexistente. No diário impresso, o final pode ser decepado se necessário, por falta de espaço. Nas revistas semanais, o final às vezes é o mais saboroso: o fechamento de uma ideia, uma conclusão. E deve ser trabalhado com carinho.

Tanto para os jornais diários como para as revistas semanais ou TV, o encadeamento do texto é outra mágica que se aprende escrevendo. É a sucessão fluente de parágrafos que leva o leitor ao final, como nos roteiros de filmes, seriados ou novelas. Tem que prender a atenção de quem está lendo ou assistindo. Deixá-lo com vontade de ver o que vem depois. Como observa um dos mais brilhantes jornalistas e escritores da minha geração, que conheci na revista *IstoÉ* dos anos 1980, Humberto Werneck[14], a musa do escrevinhador é Sherazade, narradora dos contos das *Mil e uma noites*. O desafio dela é entreter o sultão com suas histórias e, se ele perder a atenção, zás, cortaria sua cabeça. O sultão, no nosso caso, é o leitor. Se ele abandona nosso texto, é nossa cabeça que rola, metaforicamente. Ou de verdade, se isso é percebido pelas chefias – e acontece com frequência –, adeus, emprego.

No rádio, o texto é mais direto e sintético: dois, três parágrafos, no máximo, mais um com a essência da notícia. Uma ou outra entrevista rápida, uma ou duas frases. Depois

---

[14] Autor de *O santo sujo*; *Chico Buarque, letra e música*; *O desatino da rapaziada*; *Pai dos burros*, entre outros.

tem mais tempo para comentaristas, ouvintes e os próprios apresentadores.

Já na TV, a história tem que ser contada de maneira diferente. O *lead* é do apresentador e o restante do texto torna-se dependente das imagens. O repórter brilha na sua aparição, a chamada "passagem"; é do seu interesse, portanto, arranjar um jeito de aparecer, e bem, senão corre o risco de ser cortado na edição, e sua reportagem virar uma "nota coberta" – ou seja, uma matéria só com imagens narradas por ele ou pelo apresentador.

O *manual Globo de telejornalismo*, que estabeleceu o formato básico das reportagens seguido até hoje – minha cópia é dos anos 1980 –, diz que "o *lead* na televisão tem duas funções: atrair a atenção e demorar o tempo suficiente para que o telespectador prepare o espírito para o fato. Nunca dê uma informação importante logo no início da notícia. O telespectador pode estar distraído. Um problema técnico pode cortar o início da frase". O manual dá como exemplo o seguinte texto: "Dez mil pessoas ficaram desabrigadas". Se por acaso não sair o número, a notícia ficará enfraquecida ou sem sentido.

O *Roda Viva*, além de ser um programa peculiar, diferente de qualquer outro, ia ao ar numa TV que não se comparava com as emissoras comerciais onde trabalhara antes. Tudo era novidade e eu gostava disso. Quando atuava ou atuo como repórter para algum veículo da imprensa, posso ficar mais longamente com o entrevistado e procurar uma aproximação que resulte em um certo desarmamento e, com isso, uma revelação mais autêntica, em forma de declaração, desabafo ou inconfidência. Na prática aprendi que uma atitude minha mais agressiva deixava o entrevistado na defensiva, armado, com respostas mais formais e pouco reveladoras. Não que isso sirva de regra para todos. Algumas vezes, agressividade pode render boas matérias.

Na nova função de âncora, tive que transformar totalmente minha abordagem. Cada programa do *Roda Viva* demanda um estudo, uma pesquisa, uma atitude diferente. O entrevistado pode ser um político, um autor conhecido, alguém da área cultural, educativa ou econômica. "Apertar" o entrevistado, como proposto pelos criadores do programa, não significa necessariamente deixá-lo em uma posição desconfortável.

Quando no centro do programa está o autor de um livro, um artista, um diretor cultural, um crítico musical, a ideia é fazê-lo se abrir, explicar seu trabalho, discutir características, lembrar aspectos curiosos, isto é, enriquecer o entendimento da obra, como se deu no caso das entrevistas com os autores Larry Rohter, que escreveu sobre o Marechal Rondon, e James Green, sobre Herbert Daniel[15]. Pode-se também explorar uma memória enciclopédica da música, como na entrevista de Zuza Homem de Mello. O livro de Jorge Caldeira, *História da riqueza do Brasil*, ganhou enorme impulso depois de sua participação no *Roda Viva*, em fevereiro de 2018, pouco antes da minha entrada.

O formato exige um treinamento de postura e dicção próprias. Ao assumir o comando, procurei a fonoaudióloga Leny Kyrillos, que já conhecia da Globo, para que me orientasse nessa nova forma de entrevistar, na condução de um programa e na coordenação dos colegas entrevistadores. Como ser mais assertivo, ter autoridade sem ser indelicado ou mal-educado? Um equilíbrio difícil. Suas orientações foram um grande aprendizado para toda a vida.

---

[15] *Revolucionário e gay*, James N. Green, Civilização Brasileira, 2018

No *Roda Viva*, onde, além de entrevistar, o apresentador conduz o programa e é mediador entre outros jornalistas, a postura precisa ser ainda mais definida. O âncora é uma espécie de dono do programa, embora não o seja de fato. Essa experiência era bem diferente da que eu havia tido na GloboNews, como âncora de São Paulo no *Jornal das Dez*, ou como repórter de rua; era mais próxima do meu trabalho como mediador entre dois entrevistados no *Entre Aspas*, da GloboNews, porém mais complexa.

A fórmula inicial do *Roda Viva* e o próprio cenário foram feitos para pressionar o entrevistado. Não com agressões verbais, evitadas como norma, mas na busca de que a pessoa se revele na sua maior inteireza e verdade. Sem fuzilamento ou linchamento, como temem alguns, mas apoiado na velha, mas sempre atual, ideia de que nada melhor que o livre debate para gerar informação confiável. No caso dos candidatos à Presidência, conhecidos dos jornalistas e do público, o intuito era obter revelações, respostas inusuais, afirmações que não estavam na mídia cotidiana ou no mundo controlado dos pronunciamentos oficiais e dos *press releases*.

Sem perguntas combinadas nem escolhas viciadas de entrevistadores, o *Roda Viva* proporciona experiências humanas únicas, especiais. Revela-se, sobre cada entrevistado, uma preciosidade de informações, para o público tirar suas próprias conclusões. Algo que está no cerne da missão de uma TV que se quer pública e de qualquer boa entrevista.

Sonegar ao telespectador uma ou outra opinião ou tentar oferecê-la em um cardápio com entrevistadores de viés ideológico favorável a tal ou qual pessoa deveria ser considerado crime contra a opinião pública, uma tentativa de dirigismo, intervencionismo ou manipulação, com penas a serem estabelecidas pelo Congresso Nacional. No mundo ideal, uma TV pública deveria ter mandatos não coincidentes aos dos políticos governantes, como é o caso do Banco Central norte-americano, para citar um exemplo, para impedir que a cada nova eleição o escolhido nomeasse seus prebostes.

A normalização e banalização da substituição praticamente automática da presidência da TV Cultura no momento da troca do governador paulista são, por si só, uma demonstração de falta de independência e do descrédito na liberdade de informação e no debate. Na Cultura, essa prática só preserva o cordão umbilical de influência do governo de São Paulo na emissora, algo muito distante de uma relação civilizada e desejável entre Estado e televisão pública. Cada novo governador acaba apontando um presidente mais conveniente a seu perfil político.

O *Roda Viva*, criado no mandato do governador Franco Montoro, foi idealizado para ter ampla liberdade. Infelizmente, nem sempre as gestões seguintes seguiram seu exemplo. Na prática recente, cada novo governador indica o presidente da TV, que por sua vez indica um âncora do *Roda Viva* para chamar de seu.

Nas últimas sucessões, Geraldo Alckmin escolheu Marcos Mendonça em 2013 para presidir a TV Cultura, que decidiu trazer Augusto Nunes de volta ao *Roda Viva*. Ele havia ocupado a cadeira no início do programa (1987 a 1989). Anteriormente, com a chegada de José Serra ao governo (2007-2010), o jornalista Paulo Markun foi afastado da TV. Ocuparam o lugar de âncora Lillian Witte Fibe, Heródoto Barbeiro, Marília Gabriela e, finalmente Mario Sergio Conti, âncora entre 2011 e 2013, defenestrado por Marcos Mendonça logo que assumiu.

Segundo nota do jornalista Elio Gaspari, Conti teria sido afastado depois de convidar diretamente o ex-presidente Fernando Henrique Cardoso para o programa. Mendonça então desconvidou o ex-presidente e voltou a convidá-lo. Para se explicar ao público, Mendonça declarou à época que "o salário de Conti era muito alto". Mais adiante, dedicaremos uma seção só a essas interferências políticas na TV Cultura e no *Roda Viva*.

A GENTE TOMA
A INICIATIVA

Livre pensar é só pensar, como dizia Millôr Fernandes. O espelho, como é chamado o roteiro escrito do programa, não é muito grande no caso do *Roda Viva*, já que o principal dele são as entrevistas. Mas não deixa de ser importante. Está ali o texto que o apresentador lê no *teleprompter*, e pode conter observações, sugestões de perguntas e pausas.

Constam no espelho a abertura lida pelo apresentador, as passagens dos quatro blocos e a despedida no encerramento. Com liberdade para criar, mexi na abertura, acrescentei o que achava pertinente. Orgulhosamente passei a anunciar: "Está no ar o *Roda Viva*, o programa de entrevistas (e debates, acrescentava ou mudava algumas vezes) mais tradicional da TV brasileira". Era só uma frase, mas procurava ressaltar a importância do programa.

Queria também dizer algo diferente do que o "em instantes" nas passagens de bloco. Repetir isso me parecia aborrecido, como é a leitura diária do *teleprompter*. Resolvi copiar a expressão do apresentador Fabio Malavoglia, da Rádio Cultura, que achava divertida: "Voltaremos num átimo!". Acho a palavra ótima, sem trocadilho, porque dá sensação de rapidez. A reação dos colegas de bancada geralmente era de espanto quando eu falava átimo, mas insisti. Até que a candidata a vice-presidente do PSDB, Ana Amélia, que foi jornalista, me cobrou, em um dos intervalos: "Parece um velho falando". Foi definitivo, abandonei o átimo num átimo. Acabou aí a tentativa quixotesca de ressuscitar a palavra.

Resolvi também fechar o programa com uma versão do tradicional questionário Proust[16], perguntas simples que o autor francês respondeu no século passado e eram, por ele, consideradas reveladoras da personalidade de quem respondia, tais como: Qual é o seu herói? Seu livro? Seu defeito? Sua cor predileta?

Essas perguntas foram adaptadas e repetidas ao longo de décadas, por vários jornalistas. A revista americana *Vanity Fair* por muito tempo tinha uma sessão com as tais perguntas. Recentemente, David Letterman, mestre das entrevistas, recorreu a elas no programa com Malala, que passou a fazer nos canais a cabo.

Mas muitos se incomodaram, fora e dentro da burocracia da TV Cultura. Segui adiante, atualizando e adaptando o questionário ao *Roda Viva* e ao momento político. Perguntava: qual livro predileto? Música? Filme? Sonho? Para finalizar, uma frase ou um verso, como tributo também a Marília Gabriela, uma das grandes entrevistadoras deste país, na minha opinião. Acrescentaríamos depois uma pergunta sobre algum personagem histórico de importância.

Agradando ou não, o questionário proporcionou momentos inesquecíveis. Entre outras pérolas, o candidato Bolsonaro citou como seu livro de cabeceira *A verdade sufocada*, do coro-

---

[16] Marcel Proust (1871-1922), autor de *Em busca do tempo perdido*, entre outros.

nel Brilhante Ustra, listado como um dos maiores torturadores do país no livro *Brasil nunca mais*. Personagem da história do Brasil? Não soube dizer. Mostrando uma inusitada simpatia pelo *apartheid* da África do Sul, o candidato colocou em dúvida a importância histórica de Mandela: "Mandela? Tem que ver o passado dele, não é o que se pinta dele, não".

Do outro lado do espectro ideológico, também aconteceram escorregões. Fernando Haddad declarou na frase final: "Quem salva uma vida salva o mundo inteiro", disse. Quem é o autor?, perguntei, um pouco surpreso. "É bíblico", retorquiu Haddad. Seus adversários políticos pegaram no seu pé com dezenas de memes. Na verdade, a frase é do *Talmud*, um dos livros sagrados do judaísmo, citado no filme *A lista de Schindler*, de Steven Spielberg.

Mais divertido foi o candidato do PT ao governo de São Paulo, Luiz Marinho, que parece ter esquecido o nome decorado de um livro para dizer no fim do programa, exibido em 4 de julho de 2018: "Não, esse é o filme, não, esse é o livro". O livro era o do Mandela. A frase, com muita dificuldade, Marinho citou o Papa Francisco: "Só quem constrói, não, peraí, só quem dialoga constrói pontes e vínculos". Sua música predileta também surpreendeu os entrevistadores: *Meu reino encantado*. Não é cantiga para crianças, mas um sucesso do cantor sertanejo Daniel, que fala de um sítio onde vivia com "papai, mamãe e os irmãos".

Ao bailarino Ismael Ivo (1955- 2021), diretor do Balé da Cidade de São Paulo, também nas frases finais, perguntamos: se não fosse Ismael Ivo, quem gostaria de ter sido? "Nina Simone", respondeu sem titubear.

Foi, porém, o primeiro ministro do governo Bolsonaro a aceitar um convite para o *Roda Viva*, Ricardo Salles, do Meio

Ambiente, que nos brindou com a melhor pérola, já também nas perguntas finais. Qual sua opinião sobre Chico Mendes?, perguntei. "Quem?", retrucou. "Que relevância tem Chico Mendes? Não conheço bem e, pelo que me informaram, se envolveu em atividades ilegais". Foi outra festa nas redes sociais, entre cartunistas e repercutiu até em jornais de fora do país, como o inglês *The Guardian*. Todos se espantaram: o ministro do Meio Ambiente ignorava o maior símbolo da luta pelo meio ambiente no país, conhecido e reverenciado internacionalmente.

O fundador da Embraer, Ozires Silva, com a autoridade de seus 86 anos à época, declarou que aprovava a união com a Boeing, contrariando muitos militares e militantes pró-estatização. O que mais surpreendeu foi o momento de dizer qual era o seu sonho. Disse que não podia revelar, porque eram todos pornográficos.

Nessa noite, o cartunista Paulo Caruso produziu algumas de suas mais inspiradas caricaturas. Caruso virou uma das marcas do *Roda Viva* e uma lenda viva. Sempre que quis participou do programa com perguntas, e, quando não participava, dava um toque com seu talento e humor. Na apresentação e na despedida, eu procurava acrescentar algum adjetivo – a meu ver, ele merecia todos – que tivesse a ver com o tema da entrevista. Isso gerava um momento de descontração e de surpresa para os convidados e para o próprio Paulo.

Acabado o programa, o cartunista era motivo de festa e tietagem. Todos queriam selfies, fossem entrevistados, entrevistadores, plateia. E Paulo distribuía autógrafos e desenhos feitos numa agilidade espantosa, registrando momentos incríveis do *Roda Viva*.

RODA MUNDO, RODA GIGANTE

No fim de abril, começaríamos as entrevistas com os pré-candidatos à Presidência. O quadro da disputa era ainda indefinido: muitos nomes, muitas apostas, novas regras para a campanha, horário eleitoral curto, financiamento enxugado pela operação Lava-Jato, decisões da Justiça e Lula fora da disputa.

Àquela altura, ninguém sabia muito o que esperar das eleições de 2018. Nossa missão, como jornalistas, era expor os candidatos e suas ideias ao público. Uma coluna no *Globo*, do jornalista Bernardo Mello Franco, participante em diversas oportunidades de nossa bancada de entrevistadores, mostrava claramente que mesmo gente acostumada a fazer pesquisas eleitorais estava bem confusa. Em entrevista a Mello Franco, o presidente do Ibope, Carlos Augusto Montenegro, cravava: "Jair Bolsonaro não se elegerá, perde para qualquer um no segundo turno". Em 2010, ele já havia errado a previsão de que Lula não elegeria Dilma. Apesar de tudo, fez pelo menos um prognóstico certeiro: será a eleição mais difícil da história do Brasil.

A primeira candidata presidencial a ser convidada, em 30 de abril, foi Marina Silva, da Rede Sustentabilidade, na ocasião com cerca de 10% de intenções de voto na pesquisa Datafolha. Foi um aquecimento para o que viria adiante. O jeito zen de

Marina, minha inexperiência e os entrevistadores, que não a apertaram muito, deixaram o programa meio morno. Assim mesmo, as visualizações passaram das 400 mil no YouTube, bem acima das médias anteriores. As críticas que recebi sobre o programa pediam, porém, mais calor e questionamentos.

Já nessa primeira entrevista começamos a convidar ao vivo, durante o programa, os pré-candidatos à Presidência a agendarem entrevistas no *Roda Viva*. A tática surtiu efeito. A entrevista com Marina e a audiência nos diversos canais (TV, YouTube, Facebook, Twitter) serviram para espalhar o convite aos demais, e logo as assessorias estavam mobilizadas e mexendo na agenda dos candidatos para incluir participação no *Roda Viva*.

No dia 7 de maio foi a vez de Guilherme Boulos, candidato à Presidência pelo PSOL. Eu mesmo telefonei para ele e marquei a entrevista. Como rotina, passamos a buscar entrevistadores antagônicos ao entrevistado, para aumentar a temperatura do programa. Convidamos, no espectro oposto ao do candidato, o empresário Fabio Wajngarten, que viria a chefiar a Secretaria Especial de Comunicação Social (Secom) de Bolsonaro; Rubens Figueiredo, cientista político e consultor de marketing político, mais ligado às campanhas do PSDB e do DEM; além dos jornalistas Ricardo Mendonça, do *Valor Econômico*, Ricardo Galhardo, do *Estado de S. Paulo*, e da pesquisadora de comunidades quilombolas Mariléa de Almeida.

Boulos não reclamou da bancada e compareceu sem problemas. Identificou de cara Fabio Wajngarten como alinhado com Bolsonaro. Mas Wajngarten preferiu não entrar em choque com o entrevistado. Fez perguntas gerais sobre a possibilidade de uma união nacional. Repetiu o tema com formulações em outras perguntas, de que ninguém, nem Boulos, discordava.

Para dar uma aquecida no programa, vocalizei uma das questões sempre levantadas por observadores mais conservadores: por que Boulos, nascido na classe média, liderava um grupo de pobres sem-teto? O candidato do PSOL respondeu mais ou menos assim, sem se constranger: "Me admiro que outras pessoas da classe média não participem mais de movimentos dos pobres e excluídos. É uma questão de solidariedade". Eu não tinha como retrucar.

Ele levou sua equipe de filmagem, a Mídia Ninja, e o programa teve a primeira grande repercussão da campanha, com quase um milhão de visualizações no YouTube e 800 mil no Facebook. Alguns dias depois, em 15 de maio, a *Folha de S.Paulo* publicava, na capa de seu caderno de cultura, uma reportagem de três quartos de página dedicada à mudança no *Roda Viva*. Para os conselheiros da TV Cultura, o objetivo de o programa voltar a ter relevância começava a ser atingido.

Entretanto, para os mais conservadores, a repercussão teve efeito contrário. Na reunião de pauta reclamaram: "Boulos fez um palanque no programa", resmungaram. Acharam que os entrevistadores não tinham sido suficientemente agressivos. A fórmula que achamos para equilibrar a bancada, proposta por Cunha Lima, foi sempre procurar três jornalistas dos principais órgãos de imprensa e dois especialistas da área do entrevistado.

Equilíbrio, a terceira encomenda feita pelos conselheiros quando me contrataram, era a mais complicada e subjetiva de todas. Para isso, pensei, vou chamar gente de todas as tendências para as entrevistas, de perfil oposto ao do entrevistado, para fazer um debate franco, ainda que civilizado, visando tornar o programa envolvente e chamativo para o público, honesto jornalisticamente e revelador dos candidatos que ocupassem o centro da roda. A fórmula começou a ser usada na entrevista com Boulos, e assim continuamos a fazer.

Já no programa do presidenciável do PSOL podíamos anunciar ao vivo que os candidatos João Amoêdo, do Partido Novo, e Ciro Gomes, do PDT, tinham marcado datas para ir ao *Roda Viva*. Era uma vitória e um caminho sem volta. Eu estava determinado a conseguir todos os candidatos.

Amoêdo, com grande atuação nas redes sociais, veio em seguida. Ele se apresentava como não tradicional e prometia não recorrer a dinheiro do fundo partidário. A bancada de entrevistadores era diversificada, com uma maioria de jornalistas: Aguinaldo Novo, do *Estado de S. Paulo*; Rosane Borges, professora da Escola de Comunicação e Artes da Universidade de São Paulo (ECA-USP) e articulista da *Carta Capital*; Raquel Landim, da *Folha de S.Paulo*; João Gabriel de Lima, colunista da *Exame*; e José Álvaro Moisés, professor da Faculdade de Filosofia, Letras e Ciências Humanas da Universidade de São Paulo (FFLCH-USP).

Nosso questionamento se concentrou na contradição de ele se apresentar como liberal na economia, porém conservador nos costumes, a ponto de defender o porte de armas. Foi um debate duro, com participação de entrevistadores de tendência mais à esquerda, com reclamações por parte dos partidários do candidato. Conseguimos outra grande repercussão nas redes sociais, 1,4 milhão de visualizações no YouTube. A fórmula se consolidava.

Na sequência foi a vez de Ciro Gomes, do PDT. Outro estouro no YouTube: dois milhões de visualizações do vídeo publicado no dia seguinte, superando Boulos e Amoêdo. José Roberto de Toledo, jornalista especializado em dados e sempre atento às redes sociais, falou no Foro de Teresina, da revista *Piauí*[17], que o *Roda Viva* passara a liderar os *trending topics* do Twitter e o *Trends* do Google a cada entrevista dos candidatos. E a pautar os jornais e os demais candidatos. Comecei a acreditar que entrevistar todos era um objetivo viável. E valia a pena ir atrás dele.

---

[17] Foro de Teresina #12, disponível em: <https://piaui.folha.uol.com.br/radio-piaui/foro-de-teresina/>.

A GENTE ESTANCOU
DE REPENTE

A entrevista seguinte era de Alvaro Dias, do Podemos, nome copiado do movimento espanhol e colado sobre o original, o nanico PTN. Entre os acompanhantes do candidato estavam vários tucanos ou ex-tucanos. Convidei para a bancada jornalistas do Paraná recém-processados pela Justiça local, que os proibiu de publicar reportagens sobre mordomias do Poder Judiciário, entre outros assuntos.

A presidência me pediu para incluir na bancada uma pessoa indicada por um conselheiro com grande conhecimento do Paraná. Não vi problema, já que a maioria era de jornalistas ativos, a qualidade e a lisura do debate estavam garantidas. O indicado acabou se revelando um inquiridor feroz do senador Alvaro Dias. Soava muito agressivo, muito pessoal.

Uma questão que causou desconforto ao senador foi sua ligação com Alberto Youssef, o doleiro preso duas vezes no Paraná, a última delas na operação Lava-Jato. Ele havia declarado na Justiça ter financiado campanhas de Alvaro. No intervalo, o senador já se queixava: "Não sabia que as perguntas seriam tão ácidas".

A reclamação teria eco na reunião de pauta da semana seguinte. Os amigos tucanos do senador certamente movimentaram seus contatos dentro da TV Cultura. Fui confrontado com a folha corrida de todos os entrevistadores: "Este é de esquerda, esta é do PSOL, este é militante X e Y. Onde está o equilíbrio?". Eu não tinha como responder. O programa ficou quentíssimo, porém a bancada, de fato, pendeu muito para a esquerda, sem que a intenção fosse essa.

A ala conservadora chegou a pedir que, antes de convidar os entrevistadores, eu pesquisasse a folha corrida de cada um com as devidas filiações políticas. Um pedido que soava policialesco e que foi ignorado sempre com a atuação de Jorge Cunha Lima.

A lista de entrevistadores que eu apresentava à direção de jornalismo, a partir de então, seria submetida a um maior escrutínio. Chegamos, porém, a um acordo na reunião de pauta, de que teríamos na bancada, dali em diante, uma maioria de jornalistas de grandes veículos, com menos viés ideológico, e um ou dois cientistas políticos, comentaristas ou especialistas de alguma outra área afim.

A escolha de entrevistadores era um momento importante para o bom funcionamento do *Roda Viva*. Quando tivemos bancadas só de jornalistas, o programa ficou melhor, a meu ver, pela simples razão de que perguntar direta e simplesmente é uma das nossas práticas profissionais. O repórter faz isso diariamente naquele empurra-empurra das portas de palácios, saídas de fóruns ou mesmo necrotérios, onde aprende que precisa ser rápido e direto na pergunta.

Claro que há exceções, tanto do lado dos repórteres como do lado dos outros profissionais que participam das bancadas. No caso dos professores, existe uma tendência a ocuparem tempo demais nas introduções e fazerem perguntas sem muita objetividade.

Quando tínhamos tempo, eu pedia que os entrevistadores preparassem mentalmente as perguntas antes de falar. E, quando falassem, fossem diretos e objetivos. O tempo de uma pergunta num programa de televisão pode fazer o telespectador mudar de canal. E o mais importante, vale lembrar, é sempre o entrevistado.

No *Roda Viva*, todos os âncoras aprendem uma lição de humildade: por mais brilhantes que sejam, o importante é sempre o entrevistado. Os recordes de audiência mostram isso. Quem procura o programa seja na televisão, no YouTube, no Facebook ou no Twitter quer ver o entrevistado. A maior audiência na TV aberta foi de Sergio Moro, num momento em que ele ainda não havia dado entrevista para emissora alguma. No YouTube, o recorde é de Bolsonaro, igualmente uma estreia em entrevista coletiva, no auge da campanha eleitoral.

Diante dessa constatação, eu tentava abreviar ao máximo as perguntas, minhas e dos outros. Insistência pode haver e acontece, quando o entrevistado foge da resposta. E o resultado é deixar o público perceber claramente que a pessoa do centro da roda está se esquivando ou, no final, depois de muitas escapadas, dá uma resposta mentirosa ou sem sentido.

Mas alguns entrevistadores se esquecem do seu papel no programa, por mais que tenham sido alertados. Engraçado foi um dos convidados para a bancada que, depois de vários minutos de explanação, e tentativas de cortes de minha parte, encerrou assim sua fala: "Ah! Tenho que perguntar?". Outros preferiam fazer discursos ideológicos de gênero ou raça para marcar posição, ignorando o entrevistado. Ainda outros procuravam apenas se exibir, pedindo constantemente a palavra para fazer perguntas bobas.

Administrar todas essas variáveis nem sempre foi fácil, e nem sempre fui bem-sucedido. Precisei aprender com o tempo. Tive dificuldade em cortar alguns entrevistadores e entrevistados na hora certa. Equilibrar o papel de anfitrião e de inquiridor, sem cair na grosseria, é se manter sobre a corda bamba. No caso do *Roda Viva*, temos que caminhar e dar ritmo ao programa, para que não fique tedioso. Trata-se, portanto, de uma caminhada que não pode ser vagarosa, e a corda bamba está sempre balançando. Os tombos são inevitáveis. Às vezes soamos muito agressivos, em outras, demasiadadamente afáveis, em outras ainda nem nos damos conta do tropeço.

Para mim o *Roda Viva* foi sempre prazeroso, um aprendizado semanal, pela riqueza trazida pelo entrevistado, pelos entrevistadores, como aulas ao vivo, com pessoas, na minha opinião, raramente desinteressantes. No caso da campanha eleitoral, nenhuma das entrevistas com candidatos deixou de acrescentar algo importante. Quando a pessoa do centro da roda era mais previsível, os entrevistadores levantavam ângulos e questões novas.

Tentamos levar alguns entrevistados e não conseguimos, por questões de agenda, por vetos ou qualquer motivo não explicitado da direção da TV. Procuramos, por exemplo, Fernanda Montenegro, que lançava sua biografia, mas os assessores dela não encontraram data disponível; Chico Buarque, sempre esquivo; assim como Gilberto Gil e Paulinho da Viola. Algumas entrevistas não consegui emplacar: Glenn Greenwald, editor do site The Intercept Brasil, que esteve no centro da polêmica da Vaza-Jato, como ficou conhecida a publicação de conversas interceptadas entre o então juiz Sergio Moro e os procuradores da força-tarefa da Lava-Jato. E Flávio Dino, governador do

Maranhão. Algumas aconteceriam só depois que mudaram o presidente da TV Cultura e o âncora do programa.

Considero uma vitória da liberdade de expressão e uma missão cumprida no jornalismo ter podido entrevistar os principais candidatos à Presidência em 2018. Nem sempre isso aconteceu. A má vontade com o PT, Rede e PSOL da então direção não eram explícitas, embora evidentes.

Nas eleições anteriores, as municipais de 2016, o *Roda Viva* não apresentou os candidatos à prefeitura da maior cidade do país, sede da TV Cultura; apenas entrevistou o vitorioso João Doria (PSDB). Fernando Haddad (PT) e Celso Russomanno (PRTB) não tiveram vez.

Nas presidenciais de 2014, Aécio Neves e Eduardo Campos estiveram no centro do *Roda Viva*, mas a vitoriosa Dilma Rousseff, não. Desde a eleição de 1989, a primeira com voto direto, que rendeu excelentes programas, o *Roda Viva* não contou, como em 2018, com um número tão grande de candidatos, de todo o espectro ideológico, tanto para a Presidência, como para o Governo e a Prefeitura de São Paulo.

OU FOI O MUNDO
QUE CRESCEU

Em junho de 2018, foi a vez de Manuela d'Ávila, candidata à Presidência pelo PCdoB, ocupar o centro do *Roda Viva*. Para mim, na esteira das entrevistas anteriores, seria um programa agradável, com uma candidata progressista, a quem eu tinha algumas críticas. Não a via com possibilidades reais na disputa. Parecia alguém que comporia chapa com o PT, como o PCdoB já havia feito e acabou fazendo. Não imaginava a tempestade que estava se armando.

Propusemos uma bancada de entrevistadores formada por três jornalistas, Vera Magalhães *(O Estado de S. Paulo)*, João Gabriel de Lima *(Exame)* e Letícia Casado *(Folha de S.Paulo)*, Cláudio Couto, cientista político da FGV, e Natália Neris, do InternetLab, centro de pesquisa em tecnologia e mídia. Para mim, era uma bancada correta, que geraria polêmicas normais e civilizadas. Possivelmente incomodados com a entrevista anterior, de Alvaro Dias, as assombrações conservadoras queriam revanche. Influentes na TV Cultura cobravam para Manuela, candidata de esquerda, uma roda de entrevistadores mais agressiva, antagonistas mais ferozes.

A opinião da presidência da TV chegava a mim pelo chefe do jornalismo. Eles tinham a decisão final sobre os entrevistadores. Eu tinha que negociar e às vezes ceder. Sem problemas, pensei. Havíamos feito assim com Boulos e Dias, anteriormente, com entrevistadores mais antagônicos, com bons resultados de audiência para o programa. A entrevistada era política experimentada e sabia se virar bem. Convidamos então Frederico D'Ávila, da Sociedade Rural Brasileira, ligado ao PSL de Bolsonaro. Da mesma maneira como havíamos convidado Fabio Wajngarten, para a entrevista com Boulos. Nunca anunciamos se o entrevistador tinha a tendência X ou Y, o que demandaria um esforço policial, e não era nosso papel. Na composição das bancadas, apenas procurávamos equilibrar com gente de diferentes e declarados matizes.

Para tornar a bancada mais aguerrida, chamamos também Joel Pinheiro da Fonseca, identificado com o liberalismo, o antilulismo e sobrinho de um dos influentes conselheiros da casa, Roberto Gianetti da Fonseca. Os dois substituíram Cláudio Couto e Natália Neris.

Na chegada, acompanhada por uma dezena de correligionários, a candidata do PCdoB foi superagradável. Lembrou suas ambições como estudante de jornalismo e espalhava charme. Jovem, reconhecidamente craque com as mídias sociais, continuou simpática do início ao fim do programa. Para rebater uma das perguntas sobre o comportamento machista de Lula, que no palanque elogiou sua beleza, Manuela deu uma lição de feminismo, ao lembrar que, culturalmente, todos os brasileiros, homens e mulheres, estão mergulhados no machismo, alguns só até o calcanhar, outros até o pescoço.

Concordei totalmente. Mas, no primeiro intervalo do programa, me surpreendi. A candidata recebia ao pé do ouvido orientações de um *coach*. Era a primeira vez que isso acontecia naquela série com os presidenciáveis. Como nas entrevistas dos anos anteriores, que eu havia acompanhado na TV Bandeirantes ou na Globo, o objetivo dos *coachs* ou marqueteiros políticos era traçar uma estratégia para o candidato.

Resultado: em vez de responder a algumas perguntas objetivas, ela fugia ou "tergiversava", como diria Vera Magalhães, uma das entrevistadoras e depois apresentadora do *Roda Viva*. Ela queria saber se Manuela seria vice do PT, como foram os candidatos do PCdoB em outras campanhas. Manuela evitava dar uma resposta, até dizer que a chance de aceitar ser vice do PT era zero. No final, a realidade a desmentiu. Mas só quem lembra, possivelmente, é a "direita".

Na primeira rodada de perguntas, a candidata logo reconheceu Frederico D'Ávila como associado à campanha de Bolsonaro. Aliás, o mesmo havia ocorrido durante a entrevista com Boulos. Não precisava que o programa apresentasse a ficha de cada entrevistador porque o entrevistado sabia e anunciava, quando o interessava. Manuela declarou-se satisfeita por "participar de um programa onde pudesse debater livremente com uma opinião antagônica". Gostei, considerei um elogio, assim que se faz na democracia. Achei que o programa continuaria nesses bons termos.

Quanto a mim, insisti sobre o que entendia ser uma incoerência da jovem candidata, a admiração do partido dela pelo ditador Josef Stálin. O PCdoB, partido de Manuela, jamais fez autocrítica por ter apoiado o dirigente, a quem os próprios soviéticos atribuíram milhões de mortes. Novamente, Manuela fugia das respostas diretas, e eu repeti algumas vezes a pergunta sobre o que ela achava de Stálin. O que não sabíamos era que, a cada insistência dos entrevistadores, os auxiliares da candidata do PCdoB computavam como interrupções. Algo praticamente impossível dada a velocidade com que a política fala.

Perguntas que demandavam respostas simples, como as de Frederico D'Ávila, partidário de Bolsonaro, porém bem-educado, eram tangenciadas. Ele queria saber se a candidata era a favor ou contra a castração química como punição a estupradores. Alguns países adotam a prática. A pergunta não era absurda e poderia ser respondida com um simples sim ou não. Mas Manuela preferia um longo rodeio, com menções ao machismo do candidato Jair Bolsonaro, o que provocava a repetição da pergunta. Com isso, subia a contagem das "interrupções".

Na madrugada, poucas horas após o término do programa, as redes sociais dispariam uma campanha, acusando o *Roda Viva* de interrompê-la 62 vezes, uma atitude machista, além de ter praticado *manterrupting*, conceito criado pelas feministas americanas para caracterizar a obstrução da opinião das mulheres que participavam dos conselhos de empresas, predominantemente masculinos. As publicações na internet já vinham acompanhadas de uma entrevista com uma socióloga. De repente, o *Roda Viva* virou o vilão, soterrado por uma tempestade digital.

O que de fato houve com a candidata do PCdoB – basta assistir ao vídeo disponível no YouTube – foi insistência em algumas perguntas, mas não interrupção ou *manterrupting*. Esses dois conceitos implicam calar a voz do interlocutor, o que não aconteceu em momento algum. Segundo o dicionário Houaiss, "interromper" corresponde a "pôr termo a; fazer cessar". Se isso tivesse acontecido, acabaria o programa, e a deputada certamente teria se retirado.

Um artigo no *New York Times*[18] definiu o termo *manterrupting* como *"almost every time they started to speak, they were interrupted or shot down before finishing"* (quase toda vez que elas começavam a falar, elas eram interrompidas ou cortadas antes de terminarem). O que aconteceu com Manuela não foi *shot down* (derrubada, abatida ou calada). Não faria sentido para o programa, e a experiência parlamentar da candidata, lutadora e feminista, jamais permitiria. A única vez em que ela parou e perguntou "Posso continuar?" foi depois da insistência de Vera Magalhães, portanto *womanterrupting*. E continuou seu raciocínio em seguida.

Numa recontagem feita pela *Folha de S.Paulo* no dia seguinte, a pecedobista teria sido interrompida 40 vezes. No meu ponto de vista, não houve interrupção no sentido dos dicionários, tampouco *manterrupting*, no sentido do neologismo criado pelas americanas. Mas as redes sociais não admitem muita argumentação, ponderação ou reflexão. Não passava pela minha cabeça que o programa e eu mesmo poderíamos virar alvo de uma campanha de cancelamento, quando estávamos lutando para abrir espaço de debate para todos os candidatos.

A avalanche do linchamento virtual foi arrasadora. Um sufocamento virtual para mim. O jogo da polarização (em que de repente me via no papel do mau) ajudou a candidata a obter mais de um milhão de visualizações no YouTube, Facebook e outras plataformas. Mas não assegurou uma candidatura do PCdoB independente do PT.

Alguns colunistas de jornais e internet, que haviam sau-

---

[18] Sheryl Sandberg e Adam Grant, "Speaking with female", *The New York Times*, 12 jan. 2015, disponível em: <https://www.nytimes.com/2015/01/11/opinion/sunday/speaking-while-female.html>

dado os novos tempos do *Roda Viva*, mudaram de postura e levaram seu fervor na defesa do bem contra o mal às raias do paroxismo: condenaram o programa por ter feito um "debate" e não uma "entrevista" (que heresia!). Imaginaram uma cerca de arame farpado semântico onde nunca existiu. O programa historicamente sempre foi as duas coisas. Restringi-lo à camisa de força do não debate é papel de censor, não de jornalista.

Segundo o pai dos burros, há um grande campo comum na definição de debate e entrevista. Vamos ao *Houaiss*, no qual entrevista é "colóquio entre pessoas em local combinado, para obtenção de esclarecimentos, avaliações, opiniões etc. Coleta de declarações tomadas por jornalista(s) para divulgação através dos meios de comunicação". Já na definição de debate, diz o *Houaiss* que se trata de "exame conjunto de um assunto, questão ou problema". Portanto, nada impede que numa entrevista haja debate. Mas todo debate inclui uma entrevista, já que pelo menos duas pessoas estão se "avistando".

Meu colega e entrevistador Heródoto Barbeiro conduzia o programa durante o momento célebre em que Orestes Quércia, um dos candidatos à Presidência em 1989, partiu para agredir um dos entrevistadores, Rui Xavier, do *Estadão*. O âncora ficou petrificado, e Quércia só não atingiu o entrevistador porque foi segurado pelo fio do microfone ligado à cadeira. Claro que naquele momento o debate (ou entrevista) deixara o campo das ideias e invadira o da agressão, do xingamento.

Rui havia simplesmente perguntado a origem da riqueza do ex-governador. Em vez de responder com dados, ele reagiu com o fígado. Raivosamente passou a atacar o jornalista e seu patrão, o dono do jornal *O Estado de S. Paulo*, xingando-os de canalhas. O jornalista, de costume calmo e afável, respondeu na mesma moeda, até que o ex-governador paulista se levantou da cadeira e tentou agredi-lo.

Nada parecido aconteceu com Manuela d'Ávila. Como entrevistada e convidada pelo programa, em momento algum foi vítima, nem assim queria se portar, pelo menos durante o *Roda Viva*. Como política experiente, Manuela não se deixou calar nenhuma vez, tampouco de terminar qualquer pensamento. Foi cobrada, assim como todos os outros candidatos, pelas incongruências e inconsistências de suas posições.

No entanto, como experiente usuária das mídias sociais, ela soube deflagrar com grande sucesso uma campanha política para alavancar sua candidatura. Utilizou as mesmas técnicas ainda em voga entre políticos em todo o mundo. Não importa a verdade ou os fatos, mas despertar a emoção das pessoas. Elas se tornaram célebres na campanha de Donald Trump, assessorado pela Cambridge Analytics, empresa fechada depois de revelado o tipo de manipulação a que se dedicava.

A técnica é conhecida. Primeiro, identifica-se um motivo condenável, como o machismo. Depois, cobre-se a acusação com uma aparência de verdade. Para isso, os números são importantes: 62 interrupções. Aritmética cria a ilusão de algo científico, apurado, sistemático, irrefutável. Imediatamente, a turba de linchadores virtuais segue o *bellwether* (líder) nas táticas da guerra da informação pelas redes sociais, e sua bolha adere sem questionar se é verdade ou não.

Foi bastante instrutivo para mim ser alvo de uma campanha desse gênero, reforçada pela irracionalidade e pelos juízos sumários da internet. Na corte digital, não cabe a máxima consagrada pela Justiça *in dubio pro reo*, ou seja, em dúvida o réu deve ser absolvido, equivalente à presunção da inocência, algo que é uma conquista civilizatória, porém abandonada pela rapidez dos teclados. No caso do programa com Manuela d'Ávila, a condenação veio antes do julgamento, em muitos casos, de gente que não se deu ao trabalho de assistir à entrevista.

Talvez valha lembrar um só artigo, o da *Folha de S.Paulo*[19], intitulado "Vitória da desinformação". Não pelos adjetivos, mas porque mexe com o problema da informação em si. No fim do texto, querendo ser crítico, o autor acaba fazendo um grande elogio ao programa. Diz ele: "O esforço de demonstrar pluralidade é tão grande que, eventualmente, implica na aberração de colocar duas pessoas com posições radicalmente opostas". Vejam o absurdo: o articulista defende, creio que sem muito pensar, o cerceamento do debate entre opiniões opostas, um dos princípios da democracia. A verdadeira aberração é o contrário: a falta de debate entre antagonistas.

Ninguém saiu mal-informado do programa pelo que me consta. "Desinformação" não fez mal à campanha política de Manuela d'Ávila, que ficou nos tópicos mais vistos do Facebook, Twitter e YouTube (quase um milhão de visualizações do programa integral), fora memes e republicações. Contra ou a favor, um público gigantesco foi informado sobre a candidata. Este era nosso objetivo profissional.

Ao que tudo indica, Manuela também não se julgou injustiçada ou massacrada como acreditavam muitos de seus apoiadores. Dois anos depois da sua entrevista, ela convidou pelo Twitter seus seguidores a lembrarem sua performance no *Roda Viva*. Nada de queixas. Uma celebração. Seria bom se assim tivesse sido desde o início.

---

[19] *Folha de S.Paulo*, 1º de julho de 2018, Maurício Stycer.

Estratégias do gênero *fake news*, com ou sem impulsionadores robóticos, vêm sendo usadas em muitas campanhas políticas, atualmente questionadas ética e internacionalmente, em CPIs nos Congressos brasileiro, americano e britânico, como forma de interferência inadmissível no processo democrático. Os donos das redes mais populares, como Facebook, Twitter e Google, se veem obrigados a tornar mais transparente quem são os mensageiros das informações transmitidas.

Após a entrevista de Manuela d'Ávila e da balbúrdia virtual que se seguiu, alguns comentários me chamaram a atenção. Foi bastante significativa a postagem do cientista político Cláudio Couto em seu perfil nas redes sociais. De início, ele aderiu à onda de críticas ao *Roda Viva*. Mas, como bom cientista, resolveu assistir à íntegra da entrevista e chegar a suas próprias conclusões. No dia seguinte, pediu desculpa e voltou atrás em sua posição. Raro gesto de grandeza e reconhecimento em um meio tão exposto a críticas.

O fogo cerrado das mídias sociais com ataques ao programa e ao âncora assustou alguns integrantes do Conselho da TV Cultura. O ex-presidente Jorge da Cunha Lima resolveu então escrever um artigo na *Folha de S.Paulo* acolhendo parte das críticas, que condenavam a presença de um integrante do partido bolsonarista na bancada. Já a burocracia, com seu característico traço de coragem, se recolhia sem dizer nada, certamente adorando, no escurinho, o chumbo despejado. Depois disso, evitamos convidar antagonistas diretos aos candidatos entrevistados. Perderíamos em calor, mas a ideia naquele momento era aplacar a fúria na bolha da esquerda e das feministas contra o programa.

No plano familiar, havia uma outra frente de batalha. Minhas duas filhas, Joana e Luíza, informadas e engajadas, não estavam imunes ao contágio das redes sociais. Na manhã seguinte ao programa, meu celular estava carregado de mensagens delas. Teclavam furiosamente, pedindo satisfações. Como, pai, você fez isso? Ir contra a maré das redes sociais não é fácil. Vocês viram a entrevista? Foi a minha primeira pergunta. Não tinham visto.

Depois de algum tempo de conversa e muita argumentação, creio que consegui convencê-las de que um pai, que nunca havia sido machista nem autoritário com elas ou na vida, não podia se transformar, do dia para a noite, num lobisomem chauvinista. Em uma das trocas de mensagem com as filhas, em que eu olhava para a tela do celular enquanto caminhava, esse péssimo hábito, tropecei no asfalto e caí sobre o dedo mínimo, que sangrou bastante e acabou sem unha. Fui socorrido por um garoto bem novo e uma senhora de idade. Foi só um vexame, mas sem fratura. Uma baixa menor. Um ataque virtual que causou danos físicos.

Pior foram os danos afetivos. Algumas pessoas que conviveram bastante tempo comigo e eram testemunhas da minha considerável distância de práticas machistas também cederam aos apelos da bolha cibernética e embarcaram no linchamento virtual. Preferiram a campanha, e não o que tinham visto, conhecido e vivido. É incrível a força avassaladora de manipulação das mídias sociais. Infelizmente, aquilo que lá absorvemos com olhos e ouvidos não tem rótulos de procedência nem controle de qualidade.

Para mim, que já havia apanhado da direita quando entrevistei o candidato do PSOL, Guilherme Boulos, apanhar da esquerda pelo programa de Manuela indicava que estava trilhando o caminho do meio, da tentativa do equilíbrio, que me fora encomendado e que eu pretendia seguir. Sempre me interessou mais o público não posicionado do que aquele que se define por um lado ou outro e acredita que já tem todas as respostas.

Algumas críticas de nível intestinal vindas de próceres petistas, que antes me tratavam com simpatia, foram mais doloridas e inusitadas. Lembrei-me de um episódio da minha época de militância no MR-8, quando, durante uma reunião do Comitê Regional de São Paulo, um companheiro, por acaso jornalista, pediu que se votasse meu fuzilamento, porque criticara a direção da organização. Na época, idos de 1982, eu apenas ri do ridículo. A persistência de comportamentos semelhantes nos dias de hoje, a anulação da contradição pela eliminação física ou virtual, já perdeu a graça.

A respeito de Manuela d'Ávila, acredito que suas incoerências acabam prejudicando seus objetivos políticos. Na campanha pela Prefeitura de Porto Alegre, em 2020, ela foi derrotada. Acusaram-na de manter um "gabinete de ódio" para atacar seus oponentes na internet. De minha parte, e talvez de uma porção do público, continua a dúvida sobre a relutância da deputada em condenar abertamente crimes de Stálin, Mao, Enver Hoxha, tiranos já devidamente dissecados pelos livros de história.

Foi uma chateação. Mas não podíamos perder o foco. O objetivo era levar todos os candidatos ao centro do *Roda Viva*. Principalmente os dois que lideravam as pesquisas de opinião, Jair Bolsonaro e Geraldo Alckmin. Até por isso, eram os que mais resistiam a aceitar nosso convite.

NO NOSSO
DESTINO MANDAR

Uma das atribuições mais prazerosas da condição de apresentador do *Roda Viva*, possivelmente as que trazem maior realização profissional, é poder convidar personagens contemporâneos que julgamos importantes, às vezes pouco considerados, conversar com eles e deixar um registro para a história do Brasil. Alguns nomes estavam na minha cabeça desde o momento em que comecei, em abril de 2018. Um deles era o da mulher que considero símbolo do movimento feminista no Brasil, Maria da Penha. Foi ela quem deu nome à lei que pune a violência contra as mulheres. Conseguir espaço em sua agenda e trazê-la para São Paulo demandou muita negociação. Ajudou o fato de eu já tê-la entrevistado para o jornal *Valor Econômico*, e tivemos um contato muito simpático e amistoso.

Apesar de tudo o que sofreu e o que conquistou, Penha não se faz de vítima por um minuto sequer. Então com 72 anos, nunca precisou propagandear que foi vítima. Seu corpo é a testemunha que carrega como prova da violência masculina. Alvo de um ataque do ex-marido, que atirou em suas costas enquanto ela dormia, virou lutadora incansável. Presa à cadeira de rodas para o resto da vida, Penha batalhou por quase 20 anos contra uma Justiça machista e corrupta, até levar o ex-marido à cadeia.

A presença de Maria da Penha no *Roda Viva* foi um feito e uma alegria. Fiquei impressionado com sua calma, força e coerência. Gravamos participações especiais de pessoas que a admiram e são admiradas por ela, como a apresentadora Fátima Bernardes, da TV Globo, e o poeta Bráulio Bessa.

Mas os fantasmas da TV Cultura surpreendem. Agem de forma sinuosa, pelas sombras. Levantaram questões técnicas e objeções financeiras, já que ela teria que vir de Fortaleza com acompanhante, em condições especiais por ser cadeirante. Em cima da hora, não se sabe por que estranhos motivos, conseguiram adiar a entrevista, na minha primeira tentativa de convidá-la, em agosto de 2018, provocando o desgaste natural de uma mudança repentina de agenda. Mas persisti, e finalmente a entrevista aconteceu, em novembro do mesmo ano.

A bancada de entrevistadores era toda feminina e o clima foi emocionante. Algumas tiveram que se conter para não chorar. A inspetora Elza Paulino de Souza, que depois passou a ser a primeira mulher secretária de Segurança da Prefeitura de São Paulo, fez um esforço grande para se segurar diante da entrevistada, para ela um ícone. Na ocasião, Elza era a responsável pela segurança de mulheres ameaçadas. Levou toda a sua equipe, masculina e feminina, para conhecer Maria da Penha.

Para surpresa dos entrevistadores do *Roda Viva*, soube-se que seu conterrâneo, Ciro Gomes, candidato pelo PDT à Presidência, jamais havia tirado uma hora sequer para visitá-la, em sua própria cidade. "Isso talvez seja uma estupidez inominável", admitiu Ciro durante a entrevista em 28 de maio. "Eu não sabia que Maria da Penha tinha um instituto".

Prometeu visitá-la assim que fosse a Fortaleza. Faz mais de dois anos, quando escrevo estas linhas, e ele nunca foi. Nem que fosse para limpar um pouco a fama de coronel machista. A entrevista com Ciro Gomes no *Roda Viva* teve mais de dois milhões de visualizações no YouTube, testemunhas de sua promessa não cumprida.

Durante 2018, outra violência contra uma mulher pedia reparação: o assassinato de Marielle Franco, ainda não esclarecido. Em outro programa, com bancada exclusivamente feminina, levamos a viúva de Marielle, Mônica Benício, para mais depoimentos fortes e emocionantes sobre essa tragédia. Ainda a propósito de Marielle, questionamos o ministro Raul Jungmann, em um *Roda Viva* de maio de 2018, sobre o andamento das investigações do assassinato da vereadora. Enquanto isso, a campanha eleitoral estava esquentando no país, junto com a intervenção militar no Rio de Janeiro.

O TEMPO RODOU
NUM INSTANTE

No primeiro semestre de 2018, ainda havia muita indefinição no quadro político. Acreditava e continuo acreditando que o propósito maior de um programa jornalístico em uma televisão pública é procurar abastecer de informações o eleitor, e revelar ao máximo sobre aqueles que disputam a Presidência. Meu empenho era no sentido de que os candidatos mais populares fossem ao *Roda Viva*, o que garantiria audiência e repercussão. Um esforço adicional foi necessário para levar Jair Bolsonaro e Geraldo Alckmin, que estavam à frente nas pesquisas. Foram os últimos a aceitar.

Naquele momento, outros menos citados nos levantamentos pré-eleitorais brigavam para ir ao programa, mas o tempo escoava com rapidez. Alguns claramente sem chances eram insistentes, como o democrata-cristão José Maria Eymael e a candidata do PSOL ao governo de São Paulo, professora Lisete Arelaro. O PSOL chegou a convocar manifestação na frente da TV Cultura e enviar cartas ameaçadoras para o *Roda Viva* entrevistá-la. Eu não tinha nada contra, mas a decisão foi não abrir precedentes (especialmente à esquerda) e só chamar os candidatos que mais pontuavam. As pesquisas mostravam Lisete com 1% a 2% da preferência dos eleitores – terminou com menos de 3%.

O médico e ex-ministro Alexandre Padilha, candidato a deputado federal pelo PT, tentou mesmo forçar uma entrevista. Entrou na portaria e na sala de espera do *Roda Viva*, acompanhado de um assessor jurídico, já preparado para acusar o programa de discriminação em relação ao PT. Não colou. O deputado não foi entrevistado, mas protestou em suas redes sociais.

Vetar gente da esquerda parecia para a então presidência da TV Cultura mais confortável do que barrar alguém mais conservador. O candidato do PSD, Guilherme Afif Domingues, acionou seus contatos para pedir uma entrevista no *Roda Viva*. Já se tinha como praticamente certo de que ele desistiria da candidatura, mas, apesar de tudo, abriu-se um espaço extra no meio da semana para o defensor do Sebrae e das pequenas empresas expor suas ideias. A entrevista, exibida em 9 de julho, não foi ruim, mas, poucos dias depois, Afif não era mais candidato. Essa eu tive que engolir. Paciência, não se pode ganhar todas.

Lá pelo meio de junho, minha energia se concentrou em conseguir que o ascendente candidato do PSL, Jair Bolsonaro, fosse ao *Roda Viva*. Eu tentava me aproximar de todas as maneiras dos apoiadores do capitão, com a certeza de que teria um programa de grande repercussão e audiência. Telefonava insistentemente para meus contatos da campanha bolsonarista. O candidato se esquivava. Não respondia sim nem não. No fim de julho, quando terminaria o prazo para entrevistas permitido pela lei eleitoral, Alckmin e Bolsonaro confirmaram presença. Alívio. Só que os dois queriam ser os últimos, no dia 30 de julho.

Foi necessário um esforço diplomático adicional para conseguir que o ex-governador de São Paulo aceitasse comparecer no penúltimo programa, no dia 23 de julho, cedendo lugar ao então líder das pesquisas. Ficaríamos com Bolsonaro como último entrevistado, sempre com o temor enorme, dada sua imprevisibilidade, de que cancelasse em cima da hora.

Com Alckmin, teríamos um grande teste da independência do programa. A entrevista seria simplesmente com o sujeito que pagava as contas da TV. A direção da Cultura estava em polvorosa, e nós, preocupados em ver questionada nossa independência e neutralidade. Não podíamos de jeito algum fazer um programa chapa-branca, alertava Jorge Cunha Lima.

Na reunião de pauta, decidimos convidar jornalistas dos principais veículos de comunicação, à altura do candidato que, acreditava-se, seria um dos finalistas da campanha eleitoral. Estranhamente, porém, os convites demoravam a ser feitos. Eu tentava contato com a redação, mas aparentemente ninguém podia falar comigo.

Até que, já na quinta-feira, prazo apertado para convidar jornalistas para o programa de segunda, um dos integrantes da equipe do *Roda Viva* revelou-me o que estava acontecendo. As famosas assombrações da TV Cultura haviam oferecido aos assessores da campanha de Alckmin, por debaixo do pano, dois lugares na bancada a jornalistas simpáticos à candidatura tucana. As tais indicações tardavam, aparentemente porque os próprios assessores, profissionais do jornalismo, hesitavam diante da falta de ética da oferta.

Poucas vezes na vida fiquei tão indignado como quando soube da manobra. Era muita baixeza! Não foi à toa que Dante Alighieri destinou aos puxa-sacos e aduladores um dos mais profundos círculos do Inferno, o oitavo, e os condenou a passar a eternidade mergulhados nas próprias fezes. Naturalmente, invoquei a fúria justiceira do octogenário Cunha Lima, que desfez a proposta indecente.

Realizamos a entrevista com Alckmin com cinco jornalistas dos principais veículos de comunicação do país. Tive o cuidado de comparar a recente participação do candidato tucano na TV Folha, sem vinculação com o governo do estado e usualmente inquisitiva. Todas as perguntas feitas na *Folha*, mesmo as mais delicadas, foram ouvidas também no *Roda Viva*. Respirei aliviado. Escapamos de realizar um programa chapa-branca. Mas ainda tínhamos grandes desafios mais adiante.

E LEVA A
ROSEIRA PRA LÁ

A entrevista seguinte era a de Jair Bolsonaro. Eu negociava pessoalmente com os assessores do militar reformado e integrantes da campanha. Frederico D'Ávila, agora deputado estadual, me garantira que o candidato iria ao *Roda Viva*. O negociador do lado de Bolsonaro, o chefe de gabinete do parlamentar, pediu a presença na bancada de dois jornalistas favoráveis ao capitão. Deixei passar uns dias para responder. As redes sociais pró e contra já estavam bombando com a convocação para a entrevista de Bolsonaro no *Roda Viva*. Percebi que seria difícil ele pular fora e me senti à vontade para responder que era impossível a presença de entrevistador indicado pelo candidato.

Bolsonaro pediu medidas suplementares de segurança para seu *entourage* e a inclusão de 15 convidados, mas cabiam no máximo 12 pessoas no estúdio. Entre eles Paulo Guedes, General Heleno, Eduardo, o filho 03, e mais integrantes do PSL de São Paulo. Era a primeira grande coletiva concedida pelo candidato. Foi então que perguntei, antes do programa, gravando para o Twitter, como o ex-militar se sentia diante de tantos jornalistas. A resposta dele foi como de hábito um gracejo: "Espero que não seja um fuzilamento". No mesmo momento devolvi: "Não precisa se preocupar, porque aqui (no *Roda Viva*) respeitamos os direitos humanos". Novo sorriso igual, alguns segundos de desconforto e a resposta: "Sempre defendi os direitos humanos para humanos direitos".

Naquele momento, eu não suspeitava que o candidato ali na minha frente viria ser o presidente do Brasil. Eduardo, que seria eleito deputado e o acompanhava na gravação, postou no YouTube um vídeo em que mostrava a movimentação no final do programa, com o título "Jornalista tenta humilhar Bolsonaro". Um típico *clickbait*, aquela isca para desavisado clicar no vídeo, sem qualquer conteúdo. Procurei várias vezes no vídeo postado onde estaria a tal humilhação do jornalista, sem achar nada.

Coincidentemente, no dia da entrevista de Bolsonaro, à tarde, houve uma cerimônia no auditório do prédio da direção, em que uma representação da Comissão Interamericana de Direitos Humanos, apoiada pela ONU, veio pedir a reabertura do processo para punir os culpados pelo assassinato, em 1975, nas dependências do Exército em São Paulo, do jornalista Vladimir Herzog, ex-diretor de jornalismo da TV Cultura.

Era mais um motivo para o assunto ser levantado durante o programa. O candidato rebarbou a condenação da Comissão Interamericana. Para ele, a versão apresentada pelos governos militares de que Herzog teria se enforcado na prisão era plausível. "Muita gente se enforca na prisão", argumentou, e deu exemplo de presos comuns enforcados em suas celas.

Na pergunta que fiz, lembrei que o jornalista se apresentara de livre e espontânea vontade, desarmado, para responder à intimação que recebera na própria redação da TV Cultura. Não fazia sentido, portanto, ter se suicidado dentro de uma cela durante a noite. O então candidato do PSL respondeu que havia suspeitas de que a morte de Herzog tenha ocorrido sob tortura, mas alegou que "ninguém pode dizer se foi ou se não foi". "Um lado diz que foi execução, outro que não". O candidato justificou que a lei da anistia havia sepultado tudo. "Comigo, se for eleito, será daqui pra frente. O que aconteceu, lamentavelmente, aconteceu."

Já no início do programa, Jair Bolsonaro dizia que o que aconteceu em 1964 não foi golpe militar. Reafirmou que faria o mesmo se na época fosse militar. No fim, citou como seu livro de cabeceira *A verdade sufocada*, do ex-coronel Brilhante Ustra, chefe do DOI-Codi, do II Exército (1970 a 1974).

No dia seguinte, minha caixa de entrada do e-mail estava lotada de xingamentos, ameaças, impropérios. No meu Messenger, outras cerca de cem mensagens. Não me dei ao trabalho de ler todas, evidentemente, mas de uma em especial gostei demais. Certo senhor me xingava de "incompetênte", assim mesmo, com acento circunflexo e tudo.

A maioria das mensagens de pessoas identificadas como eleitoras de Bolsonaro era de baixo calão, com ameaças e xingamentos repetidos. A busca pelo meu nome no Google passou a ser acompanhada pelo título "terrorista", "guerrilheiro do MR-8". Uma dessas postagens da internet anunciou uma "descoberta", "novidade", "furo" (de quase 40 anos atrás): eu teria participado de sequestros e ações armadas e até facilitado a fuga para Cuba daquele que viria a ser ministro petista José Dirceu.

Às vezes é divertido virar alvo de *fake news*. Os redatores e leitores de tais "notícias" não se deram ao trabalho de verificar que nasci em 1956 – portanto, seria um precoce intrépido adolescente de 12 ou 13 anos quando acontecia a chamada guerrilha urbana, época em que eu cursava o então chamado ginasial.

O que se pode comprovar no Arquivo Nacional, ou mesmo nos Arquivos do Dops, é que participei da criação e fui editor do jornal *Hora do Povo*, ligado ao MR-8, no início dos anos 1980, quando os grupos que pregavam a guerrilha urbana já haviam sido dizimados pelos governos militares, e os que sobreviveram, de todos os grupos, já tinham feito sua autocrítica de que a tática da luta armada fora um fracasso.

Na ânsia de criticar a entrevista de Bolsonaro no *Roda Viva*, os que se achavam mais espertos na internet gostaram de me tachar de jornalista Wikipédia, seguindo a dica que Marco Antonio Villa tinha passado em seu programa matutino na Rádio Jovem Pan. Já me acusaram de muitas coisas durante meus 40 anos de profissão, mas não me desgostaria ser jornalista Wikipédia. Imaginem! Ter memória para alguns milhões de verbetes, alimentados diariamente por milhões de voluntários, lida pelo mundo inteiro. A Wikipédia, segundo alguns autores, deu origem a Wikieconomia, forma aberta de participação em corporações, adotada pela Boeing e outras grandes empresas para resolver questões complexas que um corpo interno de pesquisadores não consegue.[20]

Para os bolsonaristas, o *Roda Viva* foi mais "um tribunal da Inquisição" (repetindo, sem saber, o queixume dos críticos nos primórdios dos anos 1980) que um programa jornalístico. Curiosamente, essas mesmas pessoas não parecem se importar quando o atual presidente defende métodos como tortura e fuzilamento contra adversários políticos, esses sim, procedimentos próprios da Inquisição e da barbárie. Inquisição dos outros, para eles, é refresco.

---

[20] Don Tapscott e Anthony D. Williams, *Wikinomics: Como a colaboração em massa pode mudar o seu negócio*, trad. Marcello Lino, Rio de Janeiro: Nova Fronteira, 2007.

A reclamação mais comum no campo conservador do mundo virtual foi a de que os jornalistas teriam tentado humilhar o candidato do PSL. Em um determinado momento, um dos assessores de Bolsonaro me escreveu: "(O programa) chegou a ser covarde".

Lamentei, porque ainda tinha a intenção de trazê-lo no segundo turno. Mas ele nem chegou a responder ao convite, feito através de diversos contatos. As perguntas estiveram longe de ser ofensivas. As respostas de Bolsonaro é que mostraram um colossal despreparo. Por exemplo, a uma pergunta feita pelo Frei David Santos, da ONG Educafro, e não por um jornalista, sobre a manutenção das cotas para negros em universidades, o capitão acrescentou por sua conta que "os portugueses nunca puseram os pés na África", que foram os próprios africanos que escravizaram e mandaram os escravos para o outro lado do oceano. De tão primário, o erro da resposta de Bolsonaro repercutiu na África e em Portugal, além de ganhar nota na coluna de Ancelmo Gois, no jornal *O Globo*. Ancelmo reproduziu o registro da Associação dos Afrodescendentes de Portugal com o comentário de um internauta: "A ignorância é atrevida".

As respostas de Bolsonaro foram comentadas em todos os jornais, também pelos colunistas do *Globo* Zuenir Ventura e Elio Gaspari, entre outros, nos dias posteriores à entrevista. *O Globo* dedicou meia página no dia seguinte ao programa para analisar as falas do ex-militar, que liderava naquele momento as pesquisas de opinião.

Em resposta a outra pergunta, gravada pelo octogenário ex-ministro José Gregori, a quem Bolsonaro em entrevista há alguns anos declarara que seria melhor fuzilar, junto com o ex-presidente Fernando Henrique Cardoso, o candidato preferiu a chacota: por ser gordinho, ele "não tinha o *physique du rôle* de guerrilheiro" e não precisava ser fuzilado.

Como se pode ver pela abundância de respostas absurdas, não havia necessidade de qualquer suposta "covardia" por parte dos jornalistas, nem tentativa de humilhação. O candidato mostrou claramente a precariedade dos planos para a Presidência. À pergunta da jornalista Maria Cristina Fernandes, do *Valor Econômico*, sobre seus planos para diminuir a mortalidade infantil, que retomava trajetória ascendente, o capitão respondeu que era questão de cuidar da saúde bucal das futuras mães. Um tratamento inusitado, para dizer o mínimo, na história de todas as abordagens defendidas pela Organização Mundial da Saúde.

A jornalista Daniela Lima, da *Folha de S.Paulo*, perguntou sobre a eficiência do porte de arma, já que o próprio candidato havia sido assaltado portando uma. Bolsonaro não se deu por achado. Mesmo diante de uma demonstração clara de ineficiência, sustentou sua proposta de facilitar o porte para qualquer cidadão.

O programa bateu todos os recordes de audiência nas redes sociais: foram quase dez milhões de visualizações no YouTube (9,5 milhões). Ficamos em sexto lugar entre os mais vistos no YouTube em 2018, perdendo só para os fenômenos Whindersson Nunes, Felipe Neto e irmão. No Google, foi o assunto mais pesquisado no dia da entrevista, 30 de julho de 2018, mais de três milhões de visualizações no Facebook, e a melhor marca de postagens do dia no Twitter, 160 mil. E ainda deixou longe, no YouTube, o recorde anterior, do programa com o juiz Sergio Moro, com 2,8 milhões de visualizações.

A *ombudsman* da *Folha de S.Paulo*, Paula Cesarino Costa, lavou minha surrada alma em sua coluna no domingo seguinte: o fato de o candidato escapar de perguntas é mérito dele, afirmou. As revelações foram contundentes e os laboratórios de mídia constataram isso. Paula Cesarino entrevistou o pesquisador e jornalista Fabio Malini, da Universidade Federal do Espírito Santo, que analisou 230 mil perfis no Twitter e 1,3 milhão de postagens para concluir que, de cada dez tuítes, três foram favoráveis a Bolsonaro. A Diretoria de Análise de Políticas Públicas da FGV Rio chegou à mesma conclusão: 64,28% de tuítes contra e 25,96% a favor.

No dia seguinte, o Twitter, arena de combate preferida do candidato em sua campanha, registrava que pela primeira vez, desde maio daquele ano, o ex-militar chegara ao índice de 60% de reprovação, segundo a consultoria PSBI/Levius, citada em nota do Ancelmo Gois. Já no cálculo do InternetLab, a principal hashtag, #BolsonaroNoRodaViva, apareceu em 111.241 tuítes e teve um pico de 2.675 às 23h08. A mesma análise acrescentava: "#RodaViva foi o primeiro *trending topic* no Twitter Brasil durante todo o programa e chegou a ser *trending topic* mundial (às 23h30). Em diversos momentos, foram também trending topics a expressão 'Jair Bolsonaro' e a palavra 'Bozo', que estava sendo utilizada de forma jocosa por críticos do candidato, que o comparavam ao palhaço".

Apesar de todos esses números, alguns colegas encontraram defeitos na entrevista. Julgavam-se certamente mais competentes que a bancada que entrevistou Bolsonaro: Maria Cristina Fernandes, do *Valor*, Daniela Lima, da *Folha*, Leonencio Nossa, do *Estado de S. Paulo*; Thaís Oyama, da *Veja*, e Bernardo Mello Franco, do *Globo*. Os críticos chegaram à imodesta conclusão de que os jornalistas tinham errado o alvo e levantado a bola de Bolsonaro.

Mesmo que análises de laboratórios de acompanhamento das redes sociais mostrassem o contrário, mesmo que o próprio Bolsonaro tenha convocado um *Roda Viva* fake, no YouTube, com entrevistadores simpáticos para reverter o prejuízo de imagem, alguns críticos registravam que Bolsonaro "ganhou" o debate. Surpreendentemente, partiu do Intercept Brasil a mais estapafúrdia crítica ao *Roda Viva*: fui tachado de desinformado. É duro ler isso depois de mais de 40 anos juntando informação.

Diante das críticas, escudei-me em alguns jornalistas, referência para mim, como chefes e exemplos de competência. Cida Damasco, ex-editora-chefe do *Estadão* e da *Gazeta Mercantil*, publicou em sua página do Facebook no dia seguinte à entrevista: "Já está cansando essa história de livrar a barra dos entrevistados e jogar pedra nos entrevistadores do *Roda Viva*. Pelas críticas que circulam por aqui, parece que todo mundo seria capaz de fazer perguntas mais inteligentes e encurralar os Bolsonaros da vida. Menos, pessoal, menos...".

FAZ FORÇA PRO
TEMPO PARAR

    O tardio candidato presidencial do PT, Fernando Haddad, não tinha sido incluído no *Roda Viva* no primeiro turno, porque sua postulação ainda não havia sido confirmada pelo partido. Só no segundo turno ficou decidido em comum acordo, entre os participantes da reunião de pauta, que faríamos três programas, um com os dois candidatos para a Presidência, outro com os candidatos definidos para o governo de São Paulo e um último com os eleitos para o Senado.

    No caso dos presidenciáveis, as entrevistas seriam no mesmo dia (22/11) em ordem a ser sorteada, com 40 minutos para cada um. Bolsonaro não confirmou a presença nem se deu ao trabalho de responder ao convite. Haddad relutava, não queria faltar a uma manifestação de seus apoiadores no Tuca, o teatro da PUC, no mesmo dia. Seria um fracasso para o programa.

    Tive um duro trabalho para convencer a assessoria da campanha petista de que o *Roda Viva* merecia prioridade, já que era exibido em todo o Brasil em mais de três mil cidades, e a plateia do Tuca não comportava mais de duas mil pessoas. Finalmente, consegui a confirmação dos assessores de que dariam um jeito de Haddad comparecer ao Tuca e, em seguida, ao *Roda Viva*. O petista chegou três minutos antes de começar, quase nos matando de ansiedade. A íntegra do programa teve 1,5 milhão de visualizações no YouTube.

Este é o problema de querer falar para a sua própria bolha, afirmou o músico Mano Brown[21] no dia seguinte num comício na Lapa, no Rio de Janeiro. Ele alertou os presentes que o PT não estava conseguindo se comunicar com o povão, com os trabalhadores, e pagaria por isso. "Não gosto do clima de festa. Temos que tirar uma diferença de 30 milhões de votos. Não temos expectativa. Vamos pro precipício", previu; "Falar pra torcida do PT é fácil, quero ver convencer uma multidão que está lá fora. A cegueira que tem lá também tem em nós", denunciou Mano, com cara de poucos amigos, despertando algumas vaias.

Antes da chegada de Haddad, com a desistência de Bolsonaro já sacramentada, tentei convencer os hierarcas da TV Cultura presentes na sala de espera do programa de que poderíamos dar os 40 minutos reservados ao PSL, que ficariam vagos, ao candidato do PT, que não estivera no programa no primeiro turno. Alegaram motivos burocráticos para negar: isso é com a programação, é muito difícil etc. Desculpas de quem não tinha interesse em dar mais tempo ao candidato petista.

Curiosamente, um ano antes, o então prefeito João Doria (PSDB), numa edição sobre os seus cem dias na prefeitura (veiculada em 10/04/2017), pedira mais um bloco do programa, quando já estava no centro do *Roda Viva*. E ganhou um quinto bloco, algo inédito até então. Outra concessão rara foi a gravação no domingo anterior à veiculação. Essa possibilidade era incogitável no tempo em que apresentei o *Roda Viva*, em função

---

[21] Mano Brown, nome artístico de Pedro Paulo Soares Pereira, integrante do Racionais MC's e considerado um dos grandes autores de rap e hip-hop do país.

dos custos de horas extras da equipe técnica. Mas, pelo visto, o entrevistado, no caso, era mais do que especial.

O apresentador, na época, foi avisado sobre o acréscimo do quinto bloco com o programa em andamento. A decisão oposta, nos dois casos, de Doria e Haddad, trai uma preferência política inquestionável da direção executiva da TV. A bancada de entrevistadores do programa com o então prefeito era composta por Eugênio Bucci, professor da USP e colunista do *Estado de S. Paulo*; Ricardo Setti, ex-diretor de várias revistas; Thais Bilenky, repórter da *Folha de S.Paulo*, Sílvio Navarro, da *TVeja*, e Débora Bergamasco, diretora da *IstoÉ*.

Além de todos os candidatos à Presidência, conseguimos entrevistar os três mais bem cotados ao governo de São Paulo, os eleitos ao Senado por São Paulo, e abrimos dias extras de gravação às quartas e quintas. Ainda promovemos debates com assessores dos candidatos nas principais áreas de governo – segurança pública, educação, saúde, previdência, economia – no segundo semestre de 2018, com as campanhas em andamento. O Ibope, nesses casos, foi mais baixo que o habitual, mas fizemos nosso papel. Informação não faltou. Quem quis pôde conhecer o pensamento dos principais auxiliares dos candidatos.

No fim da campanha, pelo menos duas repetidoras da TV Cultura, em Recife e Manaus, começaram a veicular réplicas locais do *Roda Viva*. Na Rede Minas, Florestan Fernandes fez o seu *Voz Ativa*, rimando com o Roda Vida. Até nas ruas de São Gonçalo, região metropolitana do Rio, surgiu um *Rodo* (nome da praça central da cidade) *Viva*, promovido pelo candidato a deputado estadual, Renan Ferreirinha, eleito pelo PSB. A GloboNews iniciou em agosto de 2018 sua grande roda, com

12 entrevistadores para questionar os candidatos. O SporTV criou em dezembro o programa *Grande Círculo*, apelidado pelos críticos do UOL de "*Roda Viva* do esporte". Em 2020, o *Roda Viva*, da TV Cultura, ganhou o prêmio da Associação Paulista dos Críticos de Arte. Aparentemente, o *Roda Viva* voltara a chamar atenção.

E CARREGA A VIOLA PRA LÁ

Empossado o novo presidente da República, partimos para entrevistar os ministros, acreditando que seria um serviço aos telespectadores. Muitas promessas, muita confusão nas assessorias no início do governo. Os assessores eram geralmente jovens e trocados com frequência, tornando difícil o contato com os ministros. Como a TV Cultura não dispõe de sucursal na capital da República, fui a Brasília para tentar acesso direto aos entrevistados ou aos assessores que conhecia.

Consegui uma audiência no Palácio do Planalto com o então ministro Santos Cruz, que entrevistara dez anos antes na GloboNews. Obtive uma promessa, que só viria a ser cumprida no último dia de minha gestão, em condições dramáticas. Alguns dos assessores que eu tinha contatado, como André Gustavo Stumpf, do vice-presidente Hamilton Mourão, seriam desligados em seguida.

Momento complicado para conseguir bons entrevistados. Janeiro é normalmente um mês meio morto para o *Roda Viva*, já que a TV dá folgas para as equipes técnicas. Exibimos diversos programas que havíamos gravado, mas que não tinham ido ao ar por causa das demandas durante a campanha eleitoral.

Em fevereiro, com a ajuda dos produtores da redação

do *Jornal da Cultura*, marcamos entrevista com o ministro do Meio Ambiente, Ricardo Salles. Convidamos uma bancada com gente da área ambiental, Carlos Rittl, do Observatório do Clima, Cristina Serra, que acabara de publicar o livro *Tragédia em Mariana – A história do maior desastre ambiental no Brasil* (Editora Record), sobre o rompimento da barragem em Mariana (MG), além de Vera Magalhães, do *Estadão* e futura âncora do programa. Bancada forte.

O ministro, em fase inicial de governo, ainda não muito conhecido pelo grande público, estava à vontade e conseguia defender bem seus pontos de vista, mesmo com entrevistadores duros. Ele apresentava em seu discurso o ponto de vista empresarial sem desprezar a sustentabilidade. Só que, no fim do programa, escorregou. Ao responder a uma simples pergunta – se conhecia ou não Chico Mendes –, admitiu que não conhecia e não o achava relevante, além de colocar em dúvida a integridade do ambientalista assassinado.

Sofreu uma avalanche de críticas nas redes sociais e na imprensa no dia seguinte, terça (12/02/19). Mas não parece ter se abalado. Logo depois do programa, partia para a primeira viagem de sua vida à região amazônica. Lá tirou foto ao lado de indígenas que participam da lavoura da soja. Depois da entrevista de Salles, os ministros do governo Bolsonaro se tornaram mais ariscos aos nossos convites.

Apesar das dificuldades, conseguimos levar o ministro da Infraestrutura, Tarcísio Gomes de Freitas (29/04/19), o da Cidadania, Osmar Terra (06/05/19), o da Saúde, Luiz Henrique Mandetta (25/05/19), e a ministra da Agricultura, Tereza Cristina (17/06/19). Foram conversas civilizadas e informativas. Sempre tive que negociar os entrevistadores com a direção, que a qualquer descuido dava um jeito de enfiar um perguntador "moderado" na bancada, geralmente não jornalista.

Tarcísio, bom aluno do Instituto Militar de Engenharia, disse ter adorado ir ao programa. Elogiou as charges do Paulo Caruso. Tereza Cristina saiu-se bem na defesa dos agrotóxicos, sem se exaltar, mesmo pressionada pelos entrevistadores. O médico Luiz Henrique Mandetta, da Saúde, respondeu com calma aos fortes inquisidores, entre eles Ligia Bahia, médica, colunista do *Globo* e defensora ferrenha da saúde pública.

Eram ministros do governo Bolsonaro que, como mostraram, sabiam lidar com questionamentos. Estavam fazendo seu trabalho do jeito que acreditavam e defendiam bem suas posições, por mais críticos que os entrevistadores tivessem sido. Apresentaram suas ideias e responderam civilizadamente. Nenhum deles reclamou ter sido devorado no coliseu do *Roda Viva*.

Apesar da nossa insistência, o vice Hamilton Mourão nunca encontrou espaço na agenda para aparecer no programa. Assim como Onyx Lorenzoni, Damares Alves e Marcos Pontes, todos convidados à exaustão.

FOI TUDO
ILUSÃO PASSAGEIRA

Um bom exemplo de como é perigosa a interferência de uma direção "política" num programa jornalístico foi o episódio com a química Joana D'Arc Félix de Souza, indicada para ser entrevistada no centro da roda. Como já havia aprendido em outras redações de jornal e TV, deveríamos desconfiar das pautas vindas do topo hierárquico. Eram as famosas REC ou *recos* (matérias recomendadas por donos ou diretores de veículos). Cada redação dá um apelido para esses pedidos "vindos do alto", com relevância jornalística questionável. Alguns deles podem causar sérios danos profissionais.

Fui avisado na quarta-feira de que haviam marcado para o dia seguinte, 25 de abril de 2019, a gravação da entrevista com a química Joana D'Arc. Ela era professora de uma escola técnica de Franca, interior de São Paulo, e vinha ganhando espaço na imprensa depois de levar o Prêmio Faz Diferença, do jornal *O Globo*. Aparentemente isso funcionou como um aval para outros órgãos e viralização nas mídias sociais. Mereceu uma página da revista *Veja*, entre outras reportagens, em tempos de copiar-colar e pouca checagem.

Assim, Joana acumulava uma concorrida carteira de palestras sobre suas conquistas. Era exemplo de superação, por ter saído de um bairro pobre, próximo a um curtume em Franca, e conseguido se formar na Unicamp. Tudo que o Brasil gostaria que acontecesse no imaginário progressista parecia se tornar real, como em um passe de mágica, a ascensão social de descendentes de escravizados secularmente excluídos e destituídos de tudo. Além disso, o governo de São Paulo parecia estar adorando ter um exemplo de sucesso, uma professora de suas escolas técnicas, para mostrar na rede de ensino.

Joana participara de um TED, uma prestigiada plataforma de palestras virtuais, reproduzida aos milhares pelas mídias sociais. Contava sua saga de brasileira negra, humilde, que, superando desvantagens e preconceitos, chegara, segundo ela, à mais conceituada universidade do mundo, Harvard. Em seu relato, entrou na Unicamp com 14 anos e ganhou prêmios acadêmicos e científicos. Além disso, teria abandonado Harvard por decisão própria, para voltar a Franca, sua terra natal, onde passou em um concurso para lecionar na escola técnica. Fiquei atônito ao imaginar que essa inusual façanha tivesse sido ignorada pela imprensa durante tanto tempo.

Como a entrevista fora marcada às pressas, pela direção, e a entrevistada alegava ter compromissos no exterior em seguida, tivemos pouco tempo para nos preparar. Gravaríamos o programa numa quinta-feira, não ao vivo na segunda, como de hábito. Nossa produção começou rapidamente a convidar jornalistas para entrevistá-la. Vários aceitaram e pudemos compor uma boa bancada.

Entretanto, a jornalista Renata Cafardo, especializada em educação, do jornal *Estado de S. Paulo*, declinou, chamando atenção para problemas no currículo da entrevistada. Não que sua carreira não fosse admirável; o problema era que a química exagerava conquistas diante de plateias boquiabertas. Dizia, por exemplo, que havia entrado na universidade aos 14 anos, feito raro, geralmente anunciado pelas faculdades e digno de nota na imprensa, porque a admissão em um curso superior nessa idade envolve inclusive aspectos legais.

Parecia improvável que esse fenômeno tivesse passado despercebido. Além disso, a professora anunciava uma quantidade espantosa de prêmios nacionais e internacionais na sua não tão longa trajetória. Para culminar, teria feito pós-graduação na cultuada Universidade Harvard. Parece que Harvard se tornou objeto de desejo de muitos profissionais e políticos, e muitas vezes é citada, como o foi pelo ex-governador do Rio de Janeiro Wilson Witzel para embelezar currículos. É algo relativamente comum, e em inglês há até um termo para isso: *CV embezzlement* (fraude curricular). A ex-presidente Dilma Rousseff também foi citada muitas vezes nos jornais por ter acrescentado uma pós-graduação em economia no seu currículo sem tê-la concluído. Trata-se, enfim, de uma prática condenável para um professor ou qualquer profissional, porém mais comum do que a ética recomenda.

A recusa da jornalista Renata Cafardo em participar do programa acendeu em mim uma luz amarela. Eu não tinha muito tempo antes da entrevista para checar os fatos. Mas, como ela seria gravada, haveria tempo para apurar melhor posteriormente e impedir que fosse ao ar caso comprovássemos que havia inconsistências no currículo dela ou a história que contava fosse exagerada.

Fomos para a entrevista com tais desconfianças, mas sem ter uma prova de que Joana D'Arc estava mentindo. Minha primeira pergunta, que não podia soar desrespeitosa de antemão, foi simplesmente factual. É verdade que a senhora entrou na faculdade aos 14 anos? "Sim", foi a resposta. E não precisou de advogados para garantir sua matrícula?, insisti: "Não".

Programa que segue, jornalistas e educadores mostravam-se impressionados com a história de vida da professora. Fiz mais uma pergunta factual: a senhora já ganhou mais de 80 premiações? Isso é muito espantoso. "Não, agora já são 106", foi sua resposta. Era demais, pensei.

Desmontar a mentira da idade de ingresso na Unicamp foi fácil, bastou levantar sua ficha de inscrição na universidade. Está lá, 18 anos. Os prêmios também estão na plataforma Lattes, que é pública: indicação da Câmara de Franca, menção em um evento da Federação da Indústria Química etc. Premiação acadêmica, entre as mais de cem declaradas, não havia.

Mais um telefonema, para um amigo de Harvard, para esclarecer: nada no banco de dados. O jornal *O Estado de S. Paulo* também tentara levantar na universidade se havia registro da passagem da professora por lá, e nada. Um diploma enviado para a redação revelou-se fraudulento. Resultado: o *Roda Viva* não foi ao ar e uma reportagem de Renata Cafardo e Felipe Resk mostrou em seguida que a química, embora com uma história de vida de superação, vinha inflando e enfeitando com puras invenções seu currículo. Isso estava passando sem checagem pela imprensa, enganando leitores e participantes de palestras.

Decidimos que o programa não poderia ser exibido por causa das declarações falsas da entrevistada, mas nada divulgamos contra ela. A reportagem do *Estado de S. Paulo* provocou, no entanto, um longo debate na imprensa. De um lado, os defensores da professora, alegando racismo ou linchamento covarde; de outro, os que defendiam que se estava diante de uma falha ética inadmissível. Simplesmente, cancelamos a transmissão, avaliando que um programa jornalístico não pode alimentar mentiras evidentes e factuais vindas de uma profissional com qualquer cor de pele.

QUE A BRISA
PRIMEIRA LEVOU

Antes dos entrevistados entrarem na roda diante das câmeras, há um encontro com café, sucos, água e comidas rápidas para todos os convidados. A sala de estar é decorada com desenhos antológicos de Paulo Caruso, presente desde os primeiros programas: caricaturas de Lula, Leonel Brizola, Ulysses Guimarães, Fernando Henrique Cardoso, Fernando Collor de Mello, o que já cria uma atmosfera da importância do programa e dos personagens que passaram por ele.

Esse é um momento de descontração, com a presença às vezes de diretores da TV, assessores dos entrevistados, alunos de faculdades e outros acompanhantes. Pedíamos a todos que chegassem com uma hora de antecedência e entrássemos no estúdio 15 minutos antes do início do programa, para colocar os microfones, acertar o som, as luzes, ar-condicionado, instalar os convidados na bancada acima da roda de entrevistadores.

Com frequência, eu pedia a eles para elaborar e disparar suas perguntas de forma curta e sem grandes introduções. Importante, observava, que as perguntas terminassem com uma interrogação. Uma brincadeira que procurava (nem sempre conseguia) evitar discursos, declarações dos entrevistadores. Também pregava contra perguntas combo, aquelas com itens e subitens, que permitiam ao entrevistado escolher a menos complicada, e confundir o espectador. Reiterava que haveria a possibilidade de fazer partes da pergunta em outros momentos, dando mais dinamismo ao programa.

Se para o espectador o *Roda Viva* pode parecer longo, com sua hora e meia de duração, para os entrevistadores o tempo passa rápido. Cada um consegue fazer cinco ou seis perguntas, no máximo, se o tempo for bem distribuído e o convidado principal, conciso nas respostas. Portanto, é preciso preparar bem as perguntas e cuidar para que o entrevistado não se estresse demais, o que nem sempre é tarefa simples. É importante equilibrar educação e respeito, com cortes muitas vezes necessários.

No primeiro bloco, de 30 minutos, eu procurava dar a palavra a todos os entrevistadores, para que os que assistiam em casa ou pelas redes sociais conhecessem cada um. Normalmente, éramos seis a perguntar, eu e mais cinco, o que dava menos de cinco minutos para cada pergunta e resposta, descontando dois minutos do vídeo de apresentação e da abertura. Muitas vezes tínhamos seis entrevistadores, em outras o convidado se estendia, logo alguém ficava sem falar e tínhamos que passar para o outro bloco.

Nos intervalos, acertávamos essas e outras questões, como os assuntos das outras rodadas e quem mais queria perguntar o quê, já tentando combinar previamente quem falaria e em que ordem, para evitar atropelos. Em um dos programas, em que tivemos a participação na bancada de Joana Cunha, jornalista da *Folha de S.Paulo*, ela se saiu com uma boa definição: "Isso é um quebra-queixo organizado!" – "quebra-queixo" é aquela montoeira de repórteres que se reúne em torno do presidente, ministro ou outra autoridade, que está em trânsito, descendo de um carro ou saindo de uma reunião, enquanto cada um dos repórteres procura fazer sua pergunta.

O primeiro bloco era organizado, pelo menos para dar a largada, mas os outros se revelavam mais descontraídos, com insistências e comentários dos entrevistadores, alguns que se sobrepunham, principalmente quando o tema esquentava. Fazia parte da dinâmica do programa. Infelizmente, tínhamos que cortar alguma boa polêmica para a entrada dos intervalos.

Geralmente faltava tempo para tanto assunto, e comecei a pedir mais um bloco de programa. Funcionou, mas logo voltamos ao esquema anterior. É verdade que nem todas as entrevistas rendem duas horas. Bom exemplo de entrevistado sucinto foi o fundador da incorporadora Cyrela, Elie Horn, em 10 de dezembro de 2018. Ele é o único bilionário brasileiro a fazer parte do Global Pledge, grupo que reúne algumas das pessoas mais ricas do mundo que se propõem a doar parte substancial de sua fortuna em vida. Sírio de nascimento, já com mais de 80 anos, Horn não costuma dar entrevistas e tem o hábito de oferecer respostas lacônicas. Isso quando não retruca o entrevistador ou responde com algum ditado ou como se a pergunta fosse óbvia.

Para obter resposta completa, era necessário fazer cinco ou seis perguntas. Foi um desafio, exigiu rapidez dos entrevistadores, mas conseguimos. Ficaram claros o lado filantrópico de Horn e também suas posições políticas e empresariais. A maior polêmica foi em torno do Parque Augusta, rara área verde do Centro de São Paulo, de 24 mil metros quadrados, arrematada por sua empresa, mas reivindicada pela prefeitura e por movimentos sociais. Depois de o lugar ter ficado embargado por décadas, Horn desistiu dele e em agosto de 2018 assinou acordo com a prefeitura.

A entrevista de Horn também deixou claro outro problema do *Roda Viva*: as chamadas. Um engessamento incompreensível fazia com que sempre obedecessem ao mesmo modelo, com nome do entrevistado, qualificação e o horário do programa. Nesse caso, era bem claro que apenas "Elie Horn" não diria muita coisa ao telespectador mediano. Se houvesse alguma referência de que se tratava de um bilionário brasileiro que doou parte de sua fortuna para a filantropia, possivelmente alcançaríamos mais audiência. No entanto, uma barreira invisível impossibilitava mudar a fórmula cristalizada, inalcançável para o apresentador, que pouco mais podia fazer do que espernear.

Algumas vezes, quando as entrevistas eram gravadas uma semana antes da exibição, conseguíamos colocar chamadas no meio da programação com *teasers* (trechos, pequenas falas que servem de chamarizes), mas era uma luta conseguir isso. Reivindiquei, durante todo o meu período lá, que o apresentador do programa anterior, o *Jornal da Cultura*, anunciasse o *Roda Viva*. Mas não houve jeito de conseguir. O apresentador chamava muitas vezes imagens de curiosidades internacionais, e não mencionava mais nada. Era simples, bastava dizer: "A seguir, assista ao *Roda Viva*". Já ajudaria. Mas foi batalha perdida.

Outra guerra foi levar o *Roda Viva* de volta às 22h. Por algum motivo pouco claro, o programa fora jogado para 22h15. Era irracional a principal atração da emissora ir ao ar num horário quebrado, que fazia muita gente desistir de assisti-la, o efeito contrário ao R$ 0,99 da propaganda. Para o telespectador, 22h15 significava que ele dormiria depois da meia-noite. Dez da noite era redondo e mais palatável. Depois de quase seis meses de insistência junto à direção da TV, consegui antecipar o programa em 15 minutos em 19 de novembro de 2018.

O que eu gostaria mesmo era de antecipar ainda mais, para 21h30. Afinal, às segundas-feiras o *Jornal da Cultura* poderia começar mais cedo, já que não havia novela antes, como na Globo, só desenhos animados infantis, num horário já de audiência adulta. E mesmo na TV Globo o *Jornal Nacional* é adiantado em dia de futebol. Mas ganhar 15 minutos já foi uma conquista. De 15 em 15 minutos, quem sabe chegaríamos às 21h30. É uma questão de prioridade da programação, embora a cada dia que passa, mais a audiência migra para as plataformas digitais e assiste ao programa no horário que escolhe.

Outra barreira dura de vencer era a que separava a TV da Rádio Cultura, apesar de localizadas uma ao lado da outra na sede da Fundação Padre Anchieta. Fazer chamadas para o *Roda Viva* na rádio exigia um esforço pessoal de procurar cada apresentador de programa e conseguir uma breve menção.

Uma iniciativa que me parecia óbvia era – a exemplo da Rede Globo, um veículo fazer propaganda do outro – veicular o *Roda Viva* também na rádio, simultaneamente, às segundas-feiras, e transformá-lo automaticamente em podcast. Depois da minha saída, felizmente a nova direção começou a disponibilizar o podcast do *Roda Viva*, algo que não demanda um centavo de investimento, apenas pequenos ajustes técnicos e grande ganho de audiência. Apesar de muita insistência, as direções da rádio e TV permaneciam impermeáveis.

Também após minha saída, uma iniciativa de grande alcance foi o acordo com o portal UOL, que veicula ao vivo o programa. Os índices de audiência e visualizações nas mídias sociais registraram imediata alta. Algo que só dependia de vontade, com zero de gasto para a Fundação, ficara emperrado nas teias burocráticas.

O TEMPO, A VIOLA, A ROSEIRA

Os 50 anos de história da TV Cultura são marcados por muitos momentos de interferência política, de tentativas e de resistência, às vezes por parte do Conselho Curador da Fundação Padre Anchieta, outras por parte dos jornalistas. O próprio *Roda Viva* foi criado em 1986 para, segundo seus primeiros diretores, combater a fama de chapa-branca da TV Cultura.[22]

Tentativas de intervenção acintosas aconteceram nos governos Paulo Maluf e José Maria Marin, motivando revolta do Conselho da Fundação Padre José de Anchieta e mudança do seu estatuto para blindar a TV de imposições do Executivo estadual. Talvez já seja o momento de promover uma outra revolta e sérias modificações.

A criação do *Roda Viva* não teve o condão de afastar as interferências. Possivelmente, elas se acentuaram em algumas ocasiões. Com pouco tempo de programa no ar, Orestes Quércia substituiu Franco Montoro no governo de São Paulo e pensou logo em trocar o comando da TV. O então secretário de Cultura, o escritor e jornalista Fernando Morais, o demoveu da ideia. Eram tempos de afirmação da jovem democracia brasileira.

---

[22] Valdir Zwetsch e Marcos Weinstock, *A invenção da Roda*. In: *Roda Viva*, 18 anos, op. cit.

Já sob a Presidência de Fernando Henrique Cardoso, o secretário de Comunicação, Andrea Matarazzo, impediu na primeira semana de maio de 2000 que a entrevista de João Pedro Stédile, líder do MST, fosse reproduzida em âmbito nacional pela TVE do Rio e Nacional de Brasília[23].

O governador José Serra ficou famoso entre os jornalistas por telefonar para a direção das redações e pedir a cabeça de repórteres. Na campanha para a Presidência da República em 2010, portanto já fora do governo, ele foi inquirido sobre o preço dos pedágios de São Paulo, considerado alto pelo âncora de então, Heródoto Barbeiro. Irritou-se com a pergunta e a insistência do apresentador. Respondeu que a reclamação do preço dos pedágios era "trololó de petista" e insinuou que Heródoto deveria preferir o modelo de controle estatal das rodovias e fazer a pergunta de outra maneira. Pouco tempo depois, tanto Heródoto como o diretor de jornalismo, Gabriel Priolli, que assumira o cargo cinco dias antes, foram afastados de seus postos.

Apesar de todas as limitações e das tentativas constantes de amesquinhá-lo, o *Roda Viva*, mesmo com baixa performance no Ibope – raramente mais de dois pontos contados em São Paulo –, é campeão em repercussão. Uma piada corrente diz que o *Roda Viva* é o programa de TV mais "lido" do Brasil.

Uma explicação para tamanha repercussão é que só o *Roda Viva* e a TV Cultura têm liberdade para reunir na mesma bancada destacados jornalistas de diferentes veículos de comunicação, com suas linhas editoriais próprias e pontos de vistas diversos, cada um com sua curiosidade e criatividade para superar as defesas e tirar o máximo dos entrevistados.

---

[23] Laurindo Lalo Leal Filho, *A TV pública*, em *A TV aos 50*. São Paulo: Editora Fundação Perseu Abramo, 2003

Era prática das outras televisões liberarem seus jornalistas e estrelas para o *Roda Viva*, como aconteceu com Hebe Camargo e Jô Soares. Só recentemente a TV Globo ficou mais rigorosa na cessão de seus profissionais a outras emissoras. O veto é sempre silencioso, como costuma ser o comportamento da Globo, não declarado ou formalizado.

Não posso, portanto, afirmar, mas desconfio que perdemos uma boa entrevista porque outro programa da emissora do Jardim Botânico teria exigido exclusividade. Foi o caso do cientista e escritor best-seller Marcelo Gleiser, vencedor em 2019 do Prêmio Templeton, nos Estados Unidos, considerado o Nobel da espiritualidade. Eu o conheço pessoalmente e com ele mantive contato telefônico por várias semanas. Depois de acertada e agendada pessoalmente para 10 de julho de 2019, a entrevista foi cancelada em cima da hora pelos assessores da editora de Gleiser.

Em outro episódio, a TV Globo se portou de modo oposto. Cedeu gratuitamente a imagem da apresentadora Fátima Bernardes. Ela gravou e enviou uma mensagem especialmente para a entrevistada Maria da Penha. Seu conterrâneo, o poeta Bráulio Bessa, gravou também uma mensagem especial, lendo no ar um de seus poemas. Numa entrevista anterior, que fiz para o jornal *Valor*, Maria da Penha disse ter o hábito de acompanhar Fátima Bernardes e o poeta Bráulio, convidado constante no programa da jornalista, durante as manhãs, na televisão de sua casa em Fortaleza.

A maior empresa de comunicações do Brasil, que reúne televisão, jornal e rádio, mantém um controle rígido sobre apresentadores e repórteres. O jornal-vitrine da emissora, como os outros, os aprisiona aos textos do teleprompter (controlados e aprovados pela direção da TV), com margens ultrarrestritas para comentários, como se fosse um programa de rádio televisionado. Até levantar a sobrancelha era desaconselhado ao âncora em determinado período.

Herdeira do rádio, como diz Laurindo Lalo Leal Filho,[24] a TV brasileira aproveitou profissionais e modelos e manteve para o jornalismo até hoje, passados mais de 50 anos, o formato *talking head*, em que muitos locutores, com belas vozes, apenas liam o texto que outros escreviam. Foi algo que se encaixou bem no período de censura, em que os jornalistas não podiam se afastar do que era aprovado pelos censores. Mas se perpetuou, como forma de controle da direção da empresa sobre seus programas.

Nas emissoras de TV dos Estados Unidos ou da Europa, os âncoras têm, pelo menos desde os anos 1950, total confiança das direções para improvisar e comentar notícias. Os jornalistas geralmente passam por experiências em reportagens e coberturas importantes, ganhando confiança dos chefes e do público, antes de serem alçados à posição de âncora, sinônimo de uma maior liberdade para expressar pontos de vista e questionamentos. A liberdade do âncora pode levar a conflitos com a direção, mas isso é negociado dentro dos princípios da ética profissional.

Em quase todos os canais estrangeiros, há muitos debates envolvendo os principais temas do país e do mundo. Basta uma olhada nas estações disponíveis na televisão a cabo para ver que o debate é constante na grade de programação. Na televisão aberta brasileira isso ocorre nos raros momentos dos

---

[24] Laurindo Lalo Leal Filho, *A TV pública*, em *A TV aos 50*. São Paulo: Editora Fundação Perseu Abramo, 2003

períodos eleitorais, de dois em dois anos, ou, mais raramente, de quatro em quatro. Praticamente não se vê debates, a não ser sobre futebol.

Tão grande ou maior que nas televisões comerciais (as concorrentes da Globo tentam copiar fielmente a líder de audiência), o ímpeto intervencionista se manifesta com vigor na TV Cultura. A tentação de fazer na TV um catálogo de propaganda pessoal ou oficial parece irresistível aos mandatários de turno. Isso não é privilégio de partido algum ou espectro ideológico.

No livro *Em Brasília, 19 horas*, o jornalista e professor da ECA-USP Eugênio Bucci conta sua árdua luta pela independência jornalística, além de todas as agruras que passou na direção da *Voz do Brasil* e na presidência da Radiobrás, com as tentativas de interferência dos ministros do governo Lula. O subtítulo do livro diz tudo: *A guerra entre a chapa-branca e o direito à informação no primeiro governo Lula*.[25]

Bucci aceitou o cargo da Radiobrás motivado pelo desafio de fazer com que o órgão de informação se voltasse para o interesse público, e não o dos governantes. Montou programas mais ágeis, como o *Café com o Presidente*, e tentou driblar diversos interesses políticos aninhados no governo petista, enfrentou muita pressão do então todo-poderoso chefe da Casa Civil, José Dirceu, que considerou a independência da *Voz do Brasil* e da Radiobrás ofensiva ao governo.

Uma TV ou rádio sem publicidade, ou quase, em um estado sempre curto de dinheiro, a torna sempre vulnerável às interferências: se transforma em um arremedo da TV privada, onde manda quem paga. Na TV Cultura, quem paga é o governo

---

[25] Eugênio Bucci, *Em Brasília, 19 horas – A guerra entre a chapa-branca e o direito à informação no primeiro governo Lula*. Rio de Janeiro: Record, 2008.

do estado de São Paulo, e a emissora inevitavelmente acaba assumindo, em grande medida, o perfil do pagador. Embora todos saibam que é o dinheiro dos impostos cobrados da população que sustenta o governo e, por consequência, a TV, tal fato é convenientemente ignorado pelos gestores dos recursos que assinam os cheques e impõem suas preferências ideológicas ou mesmo subjetivas.

Em algumas empresas de jornalismo sérias, segue-se o exemplo do *New York Times*, em que há uma parede virtual entre as áreas comercial e editorial. Com mais razão, nas TVs públicas, a distância entre os políticos governantes e a direção administrativa, jornalística e artística deveria ser respeitada. Independência é condição sine qua non para o trabalho da investigação jornalística, como disse Eugênio Bucci em artigo para *O Estado de S. Paulo*: "Para o exercício do jornalismo confiável, independência e autonomia, muito mais que desejáveis, são indispensáveis. Não há qualidade jornalística sem independência funcional, assim como não há justiça sem a independência do Poder Judiciário e do Ministério Público e não há educação superior satisfatória sem autonomia universitária (de resto, também não há governadores legítimos sem eleições livres)".[26]

Quando ultrapassado, esse muro é sempre motivo de discussão entre jornalistas em exercício e prepostos da direção ou representantes comerciais e/ou ideológicos do patronato.

O respeito pela autonomia, entretanto, não tem sido regra na TV Cultura. Quase todos os meus antecessores reclamaram, depois de afastados, de interferências políticas no *Roda Viva*,

---

[26] Id., "Governo e mercado no futuro da tv Cultura", *O Estado de S. Paulo*, 20 jun. 2019, disponível em:https://opiniao.estadao.com.br/noticias/espaco-aberto,governo-e-mercado-no-futuro-da-tv-cultura,7<0002880839>.

ingerências dos ocupantes do Palácio Bandeirantes ou dos gestores de plantão.

Quando fui convidado para o posto, eu não era novato nem ingênuo. Comigo não deveria ser diferente. Sabia que poderia ser uma guerra, em que eu contava com aliados, mas não conhecia bem os adversários nem os terrenos de batalha. Achava, porém, que valia a pena enfrentar.

Depois de mais de dez anos de experiência em outras TVs, onde alguns textos lidos pelos repórteres podiam ser escritos diretamente pela direção, as interferências "do alto" não me eram estranhas. Passei por veículos nos quais editores e diretores defendem teses em que os repórteres precisam sustentar com fatos que devem tirar da cartola. Sabia que interesses ou simples manias da cúpula da redação implicam vetos, preferências e negociações que os jornalistas subordinados precisam engolir com maior ou menor desgosto.

As redações de jornalismo são pequenos planetas com uma riqueza incrível de tipos, personalidades, interações e processos em constante mudança.

Aquelas com maior estrutura, como as da *Gazeta Mercantil*, *Jornal do Brasil* e *Estadão* dos anos 1970 e 1980, mobilizavam centenas de profissionais, peneirados nas melhores universidades do país, com formações diversas, mas com propósitos e ambições que convergem para a construção de um produto, que pode ser diário ou semanal. As redações das organizações Globo no Rio e em São Paulo ainda mantinham grande número de profissionais, mesmo com muitos cortes, até 2022, pelo menos.

É claro que, nessa busca, muitas vezes a reportagem sofre interferências de várias espécies, inclusive das próprias condições objetivas, como tempo curto, entrevistados inacessíveis, e do próprio repórter, que comete erros de avaliação e tem suas limitações e preferências, como qualquer ser humano. Mas ele precisa ser consistente e buscar se aproximar o máximo possível dos fatos. Isso é cobrado pelos companheiros, chefes e diretores.

A notícia não é obra de um único personagem diante de um computador – o que, aliás, poderia ser um critério a se adotar contra a maré de *fake news*, *hate news*, robôs etc: mostrar na tela quantas pessoas elaboraram e aprovaram uma reportagem. Identificar a origem das notícias é tão necessário quanto os rótulos dos alimentos; não dá para engolir sem questionamento a quantidade de porcaria virtual que circula livremente por aí. O desconhecimento da procedência do que vemos nas telas é um dos grandes problemas da internet, segundo o inventor da World Wide Web, Tim Berners-Lee. Em palestra para comemorar os 30 anos da existência do www, aquelas três letrinhas que aparecem antes de cada busca, ele pregou uma correção de curso na rede "para restaurar valores de empoderamento individuais e de grupo que a internet costumava ter e parece ter perdido".

As interferências e pedidos da direção nos jornais e TVs são geralmente vistos pelos jornalistas com ironia e muitas vezes repassados a estagiários e profissionais com pouca experiência, como espécie de treinamento. Sempre tive certa alergia a esse tipo de demanda. Não por acaso fui demitido do *JB*, em 1992, por ter esquecido (um lapso de memória mesmo) de mandar cobrir um evento num fim de semana com o dono do jornal em uma cidade do interior fluminense.

O dia da demissão é peculiar. De repente ninguém lhe dirige a palavra. As pessoas te olham em silêncio como se você tivesse sido acometido por alguma doença contagiosa. Os chefes passam e te olham de soslaio, até que chega um momento em que alguém te chama e comunica que é chegada a hora da partida.

Não foram poucas as brigas que comprei por defender pontos de vista contrários à direção de jornais, revistas e TVs, não por heroísmo, mas às vezes por considerar questão de justiça. Em uma dessas ocasiões, para ficar em um só exemplo emblemático, um editor de revista me encomendou uma reportagem sobre o fracasso do Rio de Janeiro, como símbolo de um Brasil que tinha acabado. Isso às vésperas da Eco-92, momento em que o Rio, minha sofrida terra, passava por uma fase deslumbrante. Argumentei com um dos prepostos do editor que aquela não era uma boa hora para essa reportagem, mas não houve jeito de demovê-lo. Não fiz a matéria, e já contava que não demoraria minha demissão. O mesmo editor resolveu também que a Eco-92 não merecia cobertura da revista, que considerava sua propriedade privada: seria o único órgão de informação do mundo a não registrar o evento que reuniu mais de cem chefes de Estado. Na certa estavam todos errados, e só o tocador da revista tinha razão. Um breve exemplo de como alguns pequenos poderosos se portam e submetem uma redação a suas idiossincrasias.

Teimosamente me cadastrei para a cobertura do evento internacional, inédito no Brasil e no mundo. E pouco depois fui de fato dispensado, com direito a execração pública: o tal editor "me cobriu de glórias" diante de todos na redação. Não pude compartilhar com o público da revista aquele encontro único de gente do mundo inteiro: um indígena do Xingu com outro da Lapônia; o discurso de Fidel Castro diante de George Bush, pai. Foi difícil a tentativa de costurar um acordo entre mais de uma centena de diferentes países para uma atitude comum a respeito das mudanças climáticas do planeta. Mas era ali que acontecia a primeira tentativa. Para mim, pessoalmente, assistir àquele momento foi uma experiência ímpar. Tudo que presenciei valeu muito mais que um emprego.

As interferências no jornalismo soam mais graves em emissoras mantidas com dinheiro público, em que debate, diversidade e representatividade das diversas correntes sociais se tornam quase uma obrigação. Mas até mesmo a vetusta BBC inglesa, que se orgulha de ser uma emissora pública, independente de governos, sofre com interferências indevidas. Recentemente, em julho de 2019, a apresentadora Naga Munchetty, de ascendência indiana, foi punida pela direção, supostamente por ter feito comentários racistas sobre um tuíte postado pelo presidente norte-americano, Donald Trump, a respeito de parlamentares de pele escura. A BBC teve que voltar atrás, em outubro, depois que o assunto foi revelado pelos jornais britânicos e houve pressão da opinião pública.

Nos tempos da presidência da Fundação Padre Anchieta por Jorge Cunha Lima, junho de 2004 a junho de 2010, a TV Cultura teve como *ombudsman* (2008 a 2010) o jornalista e professor da Faculdade de Comunicação da PUC-Rio Ernesto Rodrigues. Seguindo a programação desde o Rio de Janeiro, Ernesto publicava internamente suas observações e as reclamações que recebia dos telespectadores. Era praticamente ignorado, como se queixa em *O traço da Cultura*[27]. No livro de inspirado título (em que "traço" significa tanto o sentido do traço

---

[27] Ernesto Rodrigues, *O traço da Cultura: O desafio de ser ombudsman da TV Cultura, a emissora mais festejada e menos assistida do Brasil*. Rio de Janeiro: Reflexão/PUC-Rio, 2014.

no Ibope da programação quanto o de perfil ou característica), ele conta sua experiência no cargo, em seguida extinto. O maior alvo do *ombudsman* era o descaso da emissora pela audiência, ou seja, pelo público da TV pública. Ernesto, que passou anos na Globo, não conseguia entender essa indiferença.

Como dizem o nome e o estatuto, a TV Cultura tem na cultura e na educação seus pilares. O jornalismo entra como um terceiro pilar, alinhado com as duas primeiras exigências. Tem uma premissa formadora, diversa, instigante do debate, mais que uma orientação puramente informativa ou uma obrigação restrita com as *hard news* cotidianas. E uma proibição estatutária de veicular propaganda política.

Educação foi tema de vários programas sob minha direção, mesmo que não houvesse gancho jornalístico. Fazia parte da missão, não dava para contestar. Mas a política também se imiscuía nas pautas educacionais. Quando propus que se fizesse um debate com os reitores das universidades no momento dos ataques desferidos pelo então ministro da Educação de Bolsonaro, o colombiano Ricardo Vélez, a proposta foi bloqueada, por motivos que ignoro. Naquele momento, não conseguíamos fazer reuniões de pauta. Jorge Cunha Lima estava em tratamento no exterior e os outros participantes da hierarquia do jornalismo pareciam não ter interesse em discutir. O diálogo com a presidência da TV era o menor possível e supus que achasse que não era hora de incomodar o governo recém-empossado.

O programa com os reitores seria fácil de montar, já que no próprio conselho da TV havia alguns deles e muitos queriam falar. Era um momento importante para a educação no país. Mas não houve jeito de dobrar assombrações bolsonaristas, que voltavam a todo vapor aos corredores da TV.

Num acesso de fúria, após mais um entre inúmeros telefonemas para argumentar com alguém da direção, acabei fazendo uma "ponta de balé" involuntária sobre o dedão do pé, que não suportou meus quase cem quilos. Foi-se a unha, era sangue para todo lado. O segundo acidente doloroso da minha participação no *Roda Viva*, também sem fratura. Curiosos impactos corporais. Um mês de bota ortopédica e antibióticos resolveriam a questão. Mais problemático era o clima na TV.

A vitória de João Doria para o governo de São Paulo mexeria inevitavelmente com os diretores da TV. Era hora de sair de seus esconderijos e mostrar serviço. O ano de 2019 marcava o cinquentenário da TV Cultura. Foi motivo para a diretoria, que entregaria o posto, se ausentar totalmente das reuniões do *Roda Viva* e se voltar aos festejos. Uma apresentação no Teatro Municipal, outra no Museu da Imagem e do Som. Exposição de cenários no Shopping Eldorado, três livros diferentes para lembrar a data; muitos discursos para ressaltar os próprios feitos da direção demissionária e, quem sabe, valorizar o passe no próximo governo.

Mudanças na programação, nos horários, nos cenários, ideias empoeiradas tiradas das gavetas. Na gíria das redações, chama-se "expressão corporal" a situação em que o profissional quer aparentar produtividade e anda para lá e para cá, na tentativa de se mostrar ocupado, enquanto está só se mexendo para impressionar os chefes.

COMO QUEM PARTIU
OU MORREU

O mandato do presidente Marcos Mendonça expiraria no fim de maio e as sondagens para seu substituto haviam começado em março. O governador eleito prometia uma escolha de mercado, teoricamente sem interferências políticas, para o novo presidente da Fundação Padre Anchieta. Recorreriam a um *headhunter* impessoal e transparente, anunciavam, como demonstração de isenção e profissionalismo para os auspiciosos "novos tempos" da TV Cultura.

Alguns profissionais do mercado acreditaram na ideia veiculada por órgãos de informação e apresentaram seus nomes ao Conselho Curador da Fundação Padre Anchieta. As promessas do novo governador, entretanto, não eram para valer.

Um jornalista, ex-diretor da TV Globo, deslocou-se algumas vezes do Rio para São Paulo para ser sabatinado por um grupo de conselheiros. A diretora da revista *Bravo!*, Helena Bagnoli, submeteu-se igualmente à maratona de entrevistas. No fim de maio, o secretário estadual de Cultura, Sérgio Sá Leitão, chegou a comunicá-la, em um jantar em local público, que finalmente ela havia sido escolhida. Segundo lhe disseram, teria passado inclusive pela bênção do superconselheiro de Doria, Boni (José Bonifácio de Oliveira Sobrinho, ex-TV Globo).

Detalhes salariais e contratuais chegaram a ser discutidos. Um dia depois, no entanto, ela seria surpreendida com um comunicado de que outro nome ocuparia o lugar de presidente da TV Cultura: o do ex-sócio e velho conhecido de João Doria, José Roberto Maluf. Uma pesquisa nas redes sociais de Helena revelou que ela apoiara para o governo do estado o candidato Márcio França, adversário do tucano no segundo turno. Perdeu no item alinhamento com a nova gestão de São Paulo. Assim o governo selou seu descompromisso com a independência da TV Cultura.

Todas essas iniciativas aconteciam sem o conhecimento do público, do jornalismo da TV Cultura e mesmo de muitos conselheiros. As articulações eram feitas por um grupo que não integrava a estrutura da TV ou do Conselho, a ponto de gerar revolta em pelo menos um dos conselheiros eleitos, o representante da União Brasileira dos Escritores (UBE), advogado Durval de Noronha Goyos Jr[28].

Além de presidir a UBE, Noronha está à frente de uma próspera banca de advocacia, especializada em comércio exterior, principalmente com a China. Seu escritório representou a China junto à Organização Mundial do Comércio. Autor de livros sobre o país e com tradição para representar os chineses na sua crescente agenda comercial, não depende em nada do Conselho da TV Cultura. Por isso se sentiu à vontade para denunciar um flagrante atropelo aos estatutos. "Seria coonestar algo claramente arbitrário", me disse.

Depois de sucessivas cobranças sem resposta à presidência do Conselho sobre o processo de escolha do novo

---

[28] Atas do Conselho Curador, disponíveis no site da Fundação Padre Anchieta.

presidente da TV Cultura, que, segundo notícias publicadas pelos jornais, estava correndo à margem do Conselho Curador, Noronha apresentou sua demissão e a retirada da sua entidade do Conselho. Além disso, procurou o curador de fundações do Ministério Público de São Paulo para fazer uma queixa formal contra o comportamento anti-estatutário da direção do Conselho Curador da Fundação Padre Anchieta (FPA). O representante do MP respondeu com o famoso "deixa pra lá".

Em sua representação, Noronha pediu explicações à presidência do Conselho sobre as notícias, veiculadas pela imprensa, de que Doria e Sá Leitão já estavam escolhendo o novo presidente da TV, atropelando o Conselho Curador, cujo estatuto diz explicitamente que são sua atribuição a escolha e o exame dos currículos dos candidatos. Noronha aponta os reiterados adiamentos das reuniões do Conselho e, no final das contas, a indicação pelo governador do nome preferido.

O estatuto da Fundação Padre Anchieta proíbe explicitamente que a TV se envolva com questões político-partidárias. O artigo 5, ressalta Noronha, é peremptório e afirma que "não poderá a Fundação utilizar, sob qualquer forma, a rádio e a televisão educativas, e qualquer outros meios multimídia, para fins políticos partidários".

Outro artigo dos estatutos sociais da Fundação estabelece que a escolha do executivo da TV é privativa do Conselho Curador. No fim, vigorou a máxima de que quem paga manda. E o que valeu foi o tradicional QI – Quem Indica. Foi escolhido um nome do agrado do governador, com a troca também do presidente do Conselho, renegando todas as promessas de modernidade e autonomia para a TV.

Finalmente, então, José Roberto Maluf, o novo presidente,

assumiu suas funções em junho. O recém-empossado dirigente da TV Cultura só tomou pé em seu escritório, de fato, em julho.

E os novos governantes, que prometiam novas práticas, novos métodos, modernidade, tempos digitais, esqueceram rapidamente as promessas. O escolhido foi apontado por mais um "dedaço", sem passar pelo Conselho Curador, contrariando os estatutos da TV e, não sabemos direito, possivelmente "abençoado" por cardeais da televisão, como Boni e Ricardo Scalamandré (também ex-Globo), processo igualmente não previsto nos estatutos da Fundação.

Maldosamente, poderíamos comparar o tal do superconselho, do qual não se tem mais notícias, com um poder moderador criado pelo imperador, que pairaria acima do tradicional Conselho Curador da Fundação Padre Anchieta, a curadora por lei da TV. Tudo muito criativo, disruptivo e inovador. Tão sólido quanto as pedras de papelão de *Sansão e Dalila* e de outros épicos do cinema pré-tecnológico.

RODA
MOINHO

O novo presidente da TV Cultura mandou me chamar em casa no dia 2 de julho de 2019, com recado para comparecer o mais rápido possível à sede da TV. Era o último dia do prazo contratual para anunciar meu desligamento. Eu já imaginava que chegara a minha hora; tinha durado até demais. Maluf comunicou-me educadamente que meu contrato não seria renovado, não por motivos profissionais ou pessoais, mas dentro do projeto de mudanças da TV e me ofereceu a possibilidade de não apresentar mais o *Roda Viva* no mês que começava em julho, mas continuar recebendo minha remuneração habitual.

Sem objeções ou ressentimentos, respondi que preferia continuar a apresentar o programa até terminar meu contrato, porque tinha prazer nisso e, afinal, receberia por esse trabalho. Antes do fim da semana, ainda entreguei aos novos presidentes do Conselho e da TV sugestões debatidas, mas nunca implementadas durante meu período como âncora do *Roda Viva*, além de um relatório de performance, dentro do maior cavalheirismo. Algumas das sugestões foram adotadas depois que saí, para minha satisfação. Afinal, o programa é maior que seus apresentadores, os colegas que me antecederam e sucederam hão de concordar comigo.

Meu último mês de contrato seria tenso. A nova direção parecia querer mesmo que eu saísse de fininho, sem barulho. Mas minha intenção não era abandonar o posto sem cumprir o contrato e o mandato que me fora entregue pelo Conselho Curador da emissora. Considerei normal seguir com mais quatro programas e fazer uma despedida de maneira cortês, passando o bastão para a próxima âncora. Trabalhei duro pelo *Roda Viva*. Nas minhas 62 semanas de contrato, fiz 71 programas, dos quais dois não foram ao ar e apenas um acabou reprisado, por vontade alheia à minha. Mais do que um trabalho, era um prazer apresentar o *Roda Viva*.

Em junho, com a transição da presidência da TV ainda em andamento, sugeri uma entrevista com o ex-ministro Gustavo Bebianno (1964-2020). Ele não havia sido entrevistado longamente por jornal algum até aquela ocasião. Eu vinha conversando pelo telefone celular com o ex-ministro havia meses, buscando uma oportunidade em que ele quisesse se pronunciar.

A demissão de Bebianno foi a primeira da equipe ministerial de Bolsonaro, antes de o governo completar dois meses. Tudo porque, como secretário-geral da Presidência, teria recebido no Planalto um diretor da TV Globo (Paulo Tonet, vice-presidente de relações institucionais do grupo), "um inimigo", segundo gravação da ligação do presidente a Bebianno, tornada pública pela revista *Veja*. A demissão causou estranheza, já que Bebianno era aliado de primeira hora e faz-tudo da candidatura Bolsonaro. Foi também a primeira vítima do que veio a ser conhecido como "filhocracia", o poder dos filhos do presidente eleito.

Inconformado, o ex-ministro depois do afastamento viajara para os Estados Unidos (onde teria deixado as gravações com as conversas com Bolsonaro, durante toda a campanha). Para mim, o interesse de uma entrevista com ele era mais do que evidente. Bebianno prometeu que me telefonaria na volta da viagem.

Logo que voltou, o ex-ministro mandou mensagem de que poderia ir ao *Roda Viva* no dia 4 de julho de 2019. Excitado com a possibilidade, comuniquei ao assistente do novo presidente da TV (que estava em viagem ao Egito) o que conseguira. Para minha surpresa e decepção, o novo presidente da Cultura, a quem não conhecia até então, rejeitou (em mensagens a seu assistente) a proposta, mesmo depois de alguma insistência via WhatsApp e e-mail, alegando "falta de interesse jornalístico".

No Newseum, museu da notícia em Washington (fechado recentemente), uma das lições básicas ensinadas ao visitante era: tudo que é o primeiro, o mais, o maior, o inédito ou mesmo o último vale notícia. Mas a nova direção, pelo visto, adotava critérios diversos. Para jornalistas de outros veículos, o interesse era claro. Naquele mesmo mês de julho (17/07), escrevi para o jornal *Valor Econômico*, na seção *À mesa*, uma longa entrevista com Bebianno, com grande repercussão (meu contrato com a TV Cultura não previa exclusividade).

Curiosamente, oito meses depois, com o *Roda Viva* já sob o comando de Daniela Lima, a entrevista com o ex-ministro passou a interessar à nova gestão.

Ainda em julho, viria nova frustração. Logo após o acordo comercial entre Brasil e União Europeia ter sido concluído, recebi uma mensagem de Marcos Troyjo, da equipe de Paulo Guedes. Conhecia Troyjo desde os tempos de Câmara Americana e sabia que era um dos responsáveis pelo acordo. Pelo WhatsApp, ele me confirmava que aceitava vir ao *Roda Viva*.

Mas, para minha surpresa, a direção de jornalismo também não queria o entrevistado. O efêmero titular do posto, Willian Corrêa, ex-âncora do *Jornal da Cultura*, preferia, por algum motivo, ter no centro da roda o desembargador Fausto De Sanctis, que duas décadas atrás havia julgado o caso Satiagraha, uma operação contra lavagem de dinheiro iniciada em 2004. Não se sabe por qual critério via mais atualidade jornalística numa entrevista com o desembargador, censurado pelo STF na ocasião do processo, velho de mais de dez anos, do que em um acordo nacional fechado com a União Europeia dias antes.

No movimentado primeiro semestre de 2019, com outras substituições ministeriais no governo Bolsonaro, a reforma da Previdência mobilizava o Congresso. Por algumas semanas em junho, o *Roda Viva* ficou paralisado, uma decisão da direção da TV Cultura, à espera do deputado Samuel Moreira (PSDB-SP), relator do projeto de reforma da Previdência. Certamente um bom entrevistado, mas que, obviamente, não conseguiria sair de Brasília em meio às negociações. Como resultado, veiculamos dois programas ótimos, mas na área cultural, não na movimentada pauta política.

Pela primeira e única vez durante meu período como âncora, tivemos uma reprise. Por sorte, a entrevista foi a de um dos maiores conhecedores de música no Brasil, Zuza Homem de Mello (1933-2020). E a segunda apresentação aconteceu logo depois da morte de João Gilberto, de quem Zuza era grande admirador, o que deu mais atualidade ainda ao programa.

Entrava na reta final minha experiência à frente do *Roda Viva*. Eu só tinha mais dois programas. Com as revelações de troca de mensagens do juiz Sergio Moro com os procuradores, a Vaza-Jato, publicada pelo site The Intercept, propus a entrevista com Glenn Greenwald, o criador do Intercept Brasil, mas não houve interesse da direção de jornalismo.

Surgiu, então, a oportunidade de entrevistar o ex-ministro do STF Ayres Britto, aparentemente sem objeções da hierarquia da TV, já envolvida com a preparação da nova âncora, Daniela Lima, que gravava programas de treinamento para se adaptar a toque de caixa à linguagem televisiva.

A entrevista com Ayres Britto, exibida no dia 22 de julho, seria então meu último programa ao vivo, com o elegante cenário do *Roda Viva* criado por Daniela Thomas, todo em branco, em linhas e sombras, destacando o entrevistado e os entrevistadores. Seria trocado, como anunciavam, por outro elaborado internamente. Por causa da mudança de cenário, a entrevista seguinte teria que ser gravada antecipadamente, para ser exibida na segunda-feira, no dia e horário tradicionais do programa.

Na entrevista ao vivo, minha penúltima, Ayres deu uma aula sobre a Constituição brasileira. Sem rebuços, disse que a Constituição, "o livrinho", como se refere à *lex* máxima do país, não estava sendo respeitada pelo presidente Jair Bolsonaro.

Na mesma semana, o presidente havia emitido opiniões pejorativas sobre os estados do Nordeste, "da Paraíba", em sua expressão. Para o sergipano Ayres Britto, foi quase ofensa pessoal, tratou-se de discriminação e de postura condenável diante da Constituição, que proíbe qualquer discriminação regional e está acima de todos os brasileiros.

O ex-ministro do STF ainda se pronunciou sobre outro preceito constitucional, a lei do teto de gastos do funcionalismo público (art. 37, parágrafo XI). Assunto que abordamos no *Roda Viva* seguidamente em entrevistas com especialistas em Previdência e em gastos públicos. O artigo, embora explícito e detalhado, é ignorado acintosamente e "reinterpretado por Legislativo, Executivo e Judiciário em conjunto e em proveito próprio. Muita economia seria feita se fosse cumprido", disse Ayres Britto.

Sobre outra frase repetida pelo presidente Bolsonaro e também por diversos conservadores, "respeito direitos humanos para humanos direitos", o jurista foi categórico: "Essa frase cria um grupo de sub-humanos, subcidadãos, que não teriam direitos. Além de encobrir a defesa da tortura. As garantias aos direitos humanos são um fundamento da Constituição de 1988".

Dentro da urgência de produzir meu último programa, dediquei um esforço especial para uma despedida decente jornalisticamente. Meu propósito era levar o general Santos Cruz, já demitido do cargo de ministro da Secretaria Geral de Bolsonaro. Comecei a disparar mensagens de WhatsApp no início de julho ao general. Uma, duas, três, quatro, sem resposta. O desespero começava a bater.

Finalmente, em 17 de julho, uma quarta-feira (antes da entrevista ao vivo com Ayres Britto), o general respondeu e falamos ao telefone. Para minha felicidade, ele aceitara participar do *Roda Viva*, que seria gravado no dia 23 de julho, a terça-feira seguinte. Depois disso, o cenário de Daniela Thomas começaria a ser desmontado.

Comuniquei rapidamente à direção da TV que conseguira a entrevista com o general. Mas os diretores recém-empossados responderam com um iceberg gigante. Não. Preferimos uma entrevista com o tributarista Bernard Appy, comunicou-me o novo presidente, via diretor de jornalismo. Segundo ele, Appy tinha mais "apelo jornalístico". A mesma justificativa curinga usada para as outras entrevistas vetadas. Como pode ser tão flexível e manipulável esse conceito, que deveria ser sagrado para um jornalista.

Appy faz um excelente trabalho na área tributária, destrinchando o confuso cipoal da legislação brasileira. Seria certamente um bom entrevistado, mas em outra ocasião, não para o programa que eu idealizava na minha despedida. Mais para frente haveria muitas oportunidades para a nova âncora conduzir a entrevista com o tributarista, argumentei.

Mais uma vez, não era a importância jornalística que estava em pauta, mas outra coisa que não conseguia identificar. Discuti em termos duros com um dos integrantes da cadeia de direção de jornalismo, lembrando quantas oportunidades haviam sido perdidas e estavam por perder – Troyjo, Bebianno e agora Santos Cruz – por decisões erradas deles mesmos. Estavam inarredáveis.

Então, em e-mail que enviei a todos os diretores, pedi que se pronunciassem por escrito sobre meu convite ao general Santos Cruz. Anunciava também que, com a concordância deles, encerraria em paz minha participação no *Roda Viva*, dando boas-vindas à nova âncora.

Depois de colocar as coisas por escrito, por e-mail, a direção da TV parece ter me levado mais a sério (esta é uma boa lição anti-enrolação que aprendi). Ainda telefonaram, tentando me convencer a entrevistar Bernard Appy como minha última participação. Finquei o pé. Então, a direção da TV concordou em gravar o *Roda Viva* com Santos Cruz, na terça-feira, dia 23 de julho de 2019, às 15h.

Comemorei. Mas a alegria durou pouco. Logo percebi que podia ser outra enganação: gravar não significava que o programa iria ao ar. Repito aqui as datas e horários porque a manobra às vezes é muito maquiavélica.

Depois de muito adiamento, eu já não aguentava de tensão, desconfiado de alguma sabotagem. A TV enviou na segunda-feira de manhã, dia 22, as passagens e os vouchers de hotel para o general vir a São Paulo para a gravação no dia seguinte. Ou seja, aos 45 minutos do segundo tempo.

Ainda tenso, fiz os convites para uma bancada de primeiríssima linha: Maria Cristina Fernandes, do *Valor Econômico*; Daniel Bramatti, do *Estadão* e ex-presidente da Abraji; Ricardo Gandour, diretor-executivo da CBN; Lourival Sant'Anna, comentarista e colunista internacional; e Marcelo Godoy, do *Estadão*.

Para minha surpresa, fui avisado, na mesma segunda-feira à tarde, antes do programa ao vivo, com Ayres Britto, que, logo depois da minha entrevista com o general, seria gravado outro *Roda Viva*, às 18h, com a ancoragem de Aldo Quiroga, antigo funcionário da Cultura, e Bernard Appy no centro da roda. As explicações foram de que o programa entraria no ar, caso o novo cenário não ficasse pronto a tempo. Pressentia nova rasteira.

Poderia minha gravação da entrevista do dia seguinte, terça-feira 23 de julho, com Santos Cruz, ser jogada para as calendas ou mofar em alguma gaveta. Então tomei minhas providências. Nos intervalos, durante o programa ao vivo da segunda-feira, 22 de julho, com Ayres Britto, fiz questão de convidar o público para meu último programa, que seria gravado no dia seguinte e iria ao ar na segunda-feira 29. A entrevista com o general Santos Cruz.

A reação nos bastidores foi imediata. A berraria no ponto, o pequeno aparelho amplificador preso ao meu ouvido, foi tamanha, que eu mal conseguia pronunciar o nome do general durante a chamada. "Não está autorizada a chamada, não está autorizada. Está colocando em risco os empregos dos seus colegas", gritavam da sala de controle. Era mais uma confirmação da minha suspeita de que havia mesmo a intenção de fazer com meu *Roda Viva* de despedida uma espécie de "chapa 13", como se dizia nos jornais antigamente: fazia-se uma foto *fake* para alegrar o entrevistado ou uma personalidade, mas a "chapa 13" não existia, era só um código entre repórter e fotógrafo para não gastar filme ou chapa, bem caros antigamente. Era um jogo de cena, algo que poderiam fazer comigo.

Nas passagens de bloco do programa ao vivo com Ayres Britto, antes dos intervalos, chamei (convidei o público) mais duas vezes para a entrevista com Santos Cruz que iria ao ar na segunda-feira seguinte. Colocava em risco meus tímpanos, que doíam com os berros vindos da sala de controle. Não pouparam os próprios pulmões nem meus ouvidos.

Na hora das decisões é que realmente se conhecem os profissionais. Não foi sem surpresa que percebi que alguns davam enorme preferência à defesa do próprio emprego à quimera dos valores jornalísticos que nos inspiraram durante mais de um ano de convivência. Até ali, mantinha com toda a equipe de jornalismo um relacionamento cordialíssimo. Na hora de escolher entre princípio e salário, às favas com os escrúpulos.

A relevância jornalística da entrevista com Santos Cruz era evidente, assim como a qualidade do entrevistado. Finalmente chegou o dia da gravação do meu último programa, terça-feira, 23 de julho (que iria ao ar na segunda seguinte, dia 29), o último que compareci à TV Cultura. Entrevistei o personagem que desejava com uma bancada de jornalistas experientes e Paulo Caruso afiado. Deixei minha despedida no ar e saudei a nova âncora, desejando-lhe boa sorte. Mas ainda sentindo a ameaça de que o programa poderia não ser exibido.

Meus interlocutores na direção da TV Cultura receberam a garantia de que o programa iria, sim, ao ar. Acostumado às meias-palavras, continuei desconfiado. Iria ao ar quando? Numa madrugada qualquer, numa segunda-feira distante? Num dia perdido, sem audiência?

Mas a nova direção encontrou uma fórmula atípica de ficar em cima do muro. Não poderia ser acusada de censora e, ao mesmo tempo, não atenderia a meu desejo. Inventou uma inédita *Maratona Roda Viva*, jamais vista nos 30 e tantos anos de história do programa, e que possivelmente jamais será, por ausência total de sentido.

A fórmula originalíssima colocou no ar, no dia 29 de julho de 2019, às 22h, a entrevista com Bernard Appy, fazendo-se a vontade da nova hierarquia, sobre o inadiável tema da reforma tributária (eternamente na pauta do Congresso), com um âncora improvisado, que não seria o meu sucessor.

Já a minha entrevista com Santos Cruz iria ao ar na reta final da tal *Maratona*, a partir da meia-noite até 2h da manhã de terça-feira, portanto. Ou seja, um programa para ninguém ver, ou para disputar com outros campeões da madrugada.

RODA
PIÃO

Fiquei sem entender o comportamento da nova direção, que começara tão elegante e tornara-se depois pouco amiga do jornalismo e áspera. A resposta, por nota oficial, do porquê da *Maratona*, recorreu ao batido e maleável argumento. A decisão de privilegiar Appy, um bom entrevistado para outra ocasião, em detrimento de Santos Cruz, tinha sido tomada devido a "critério jornalístico", que elegia o tema da reforma tributária como mais "atual" (desde a década de 1960, possivelmente) do que a entrevista com um ex-integrante do fechado Governo Bolsonaro, a primeira desde que deixara o cargo e que poderia esclarecer as contradições do presidente.

O número das visualizações das duas entrevistas no YouTube mostra a falácia do tal "critério jornalístico". O sucesso de público é sempre a prova real do melhor critério. Um mês após a postagem dos dois vídeos no YouTube, a entrevista com o general registrava 39 mil visualizações, contra 9.100 mil do economista, ou seja, audiência quatro vezes maior. No dia 5 de agosto, a entrevista que foi ao ar à meia-noite, a de Santos Cruz, chegou a 100 mil visualizações, contra 16 mil da realizada às 22h. Em 22 de setembro: 154 mil visualizações da primeira, contra 29 mil da segunda na ordem de exibição. Cinco vezes mais.

Contra fatos não há argumentos, diz o velho ditado. Mas a nova direção não deu o braço a torcer. Chamado a se explicar pelo Conselho Curador da emissora, o novo presidente da TV Cultura teria declarado, segundo um conselheiro presente, que a decisão do adiamento do *Roda Viva* de Santos Cruz foi tomada devido à minha "desobediência".

Espero que os conselheiros tenham tido senso de humor para a piada. No meu contrato de trabalho não constava tal cláusula esdrúxula de obediência, e não conheço jornalista digno que assine algo do gênero.

Para mim, era inadmissível terminar meu tempo de apresentador do *Roda Viva* de maneira insípida, inodora e incolor. Era um desrespeito a mais, em um ano de árduo trabalho, de lutas quase diárias para defender o espaço do jornalismo diante de tantas tentativas de interferências, algumas inevitáveis. Foi um período de alegrias, realizações e dedicação. Certamente, minha saída foi recebida com muitos "graças a Deus". Pouco importa.

Atualmente, com o manejo científico das redes sociais sobre as emoções primárias de medo e ódio, com foco nos bodes expiatórios, o espírito de manada vem funcionando muito bem – não só no mercado financeiro, mas com sucesso no campo político. Ódio, medo e rancor motivam mais que razão, sensatez e justiça, reza a cartilha dos patrocinadores da atual guerra da (des)informação.

Apesar de tudo, a satisfação com as histórias que a gente vive e escreve é muito maior do que as críticas ao longo da estrada. Sempre foi assim. O novo é a capacidade de as redes sociais conferirem a ignaros emissores de opiniões e ofensas o título de sábios e de serem surpreendentemente acompanhados por legiões. Sigo acreditando que o diálogo sincero de ser humano com ser humano é a melhor forma de se criar mais luz e conhecimento.

Guardarei para sempre o orgulho de ter trabalhado numa redação batizada de Vladimir Herzog. De ter participado intensamente, num lugar privilegiado, de um dos momentos mais importantes da história recente do país. De ter entrevistado todos os candidatos mais cotados à Presidência da República e ao Governo de São Paulo. Ministros, futuros ministros, senadores, integrantes das campanhas presidenciais.

Ficará para sempre a emoção de ter levado ao centro do *Roda Viva* personagens essenciais na formação da vida contemporânea do Brasil, como os octogenários Zuenir Ventura, Ziraldo, Zuza Homem de Mello e Ozires Silva – todos com Z no nome, por uma boa coincidência. Não há dúvidas que tivemos entrevistados de A a Z.

Além desses, ocuparam o centro do *Roda Viva* o nonagenário ex-ministro Delfim Netto, grande frasista, com uma inteligência apurada pela idade. Maria da Penha, autora da lei de proteção às mulheres. O general Santos Cruz, raro exemplo de integridade do governo Bolsonaro. James Green, brasilianista, professor da Universidade de Brown e da Universidade de Jerusalém, precursor na defesa das causas homossexuais. Larry Rohter, biógrafo americano do Marechal Rondon. Além do elegante bailarino Ismael Ivo. Sem falar, claro, das entrevistas dos candidatos à Presidência.

Finalmente, queria lembrar a senadora Mara Gabrilli, tetraplégica, que declarou ter treinado meses seguidos para poder manejar sua cadeira de rodas com um pequeno movimento do indicador, só para participar no centro do *Roda Viva* e dar uma voltinha final no cenário.

São experiências que nos fazem sentir que vale a pena ser jornalista. Extraordinárias, para qualquer brasileiro. O *Roda Viva* da TV Cultura é um espaço de liberdade a ser preservado no estado mais populoso e economicamente importante do país. Poderia ser um parâmetro também de civilidade. Se alguns comemoram em Itu, no interior de São Paulo, o berço da República brasileira, deveriam honrar seus princípios. A liberdade de imprensa é um deles. Coragem, deixem o *Roda* girar em paz.

ENTREVISTADORES DOS
CANDIDATOS À PRESIDÊNCIA DE 2018

- **Marina Silva (Rede)**
Ricardo Arnt, jornalista; Maria Cristina Fernandes *(Valor)*; Glenda Mezzaroba, cientista política; Leonardo Sakamoto *(UOL)*; Hélio Menezes, antropólogo (USP); Samuel Emílio Melo (Movimento Acredito).

- **Guilherme Boulos (PSOL)**
Ricardo Mendonça *(Valor)*; Ricardo Galhardo *(Estadão)*; Mariléa de Almeida, historiadora; Rubens Figueiredo, cientista político; Fabio Wajngarten, empresário.

- **João Amoêdo (Novo)**
Agnaldo Novo *(Estadão)*; Rosane Borges *(Carta Capital)*; Raquel Landim *(Folha)*; João Gabriel de Lima *(Exame)*; José Álvaro Moisés (USP).

- **Ciro Gomes (PDT)**
Brad Haynes *(Reuters)*; José Roberto Toledo *(Piauí)*; Débora Freitas *(CBN)*; Bernardo Mello Franco *(O Globo)*; Ibsen Costa Manso, jornalista; André Perfeito, economista.

- **Alvaro Dias (Podemos)**
Chico Marés *(Agência Lupa)*; Claudia Mielke *(Intervozes)*; Refael Martins *(Intercept)*; Renato Meirelles, pesquisador; Paulo de Tarso Santos, publicitário.

- **Ivo Meirelles (MDB)**
Vinicius Torres Freire *(Folha)*; Andreza Matais *(Estadão)*; Milton Jung *(CBN)*; Carlos Melo, cientista político *(Insper)*, Hélio Menezes, antropólogo (USP)

- **Manuela d'Ávila (PCdoB)**
João Gabriel de Lima *(Exame)*, Letícia Casado *(Folha)*, Vera Magalhães *(Estadão)*; Frederico D'Ávila, empresário; Joel Pinheiro, filósofo.

- **Afif Domingos (PSD)**
João Vilaverde; Sergio Lamucci *(Valor)*; Gilberto Amêndola *(Estadão)*; Thais Heredia *(Mynews)*; Thiago Uberreich *(Jovem Pan)*.

- **Geraldo Alckmin (PSDB)**
José Bombig *(Estadão)*; Silvia Amorim *(O Globo)*; Thais Bilenky *(Folha)*; Ana Clara Costa *(Veja)*; Priscila Cruz *(Todos pela Educação)*.

- **Jair Bolsonaro (PSL)**
Daniela Lima *(Folha)*, Bernardo Mello Franco *(O Globo)*, Leonencio Nossa *(Estadão)*, Thaís Oyama *(Veja)*, Maria Cristina Fernandes *(Valor)*.

- **Fernando Haddad (PT)**
Bernardo Mello Franco *(O Globo)*; Fernando Canzian *(Folha)*; Vicente Nunes *(Correio Braziliense)*; Maria Cristina Fernandes *(Valor)*; Vera Magalhães *(Estadão)*.

BIBLIOGRAFIA

BUCCI, Eugênio. *Em Brasília, 19 horas – A guerra entre a chapa-branca e o direito à informação no primeiro governo Lula.* Rio de Janeiro: Record, 2008.

___ "Governo e mercado no futuro da TV Cultura", *O Estado de São Paulo*, 20 jun. 2019. Disponível em: <https://opiniao.estadao.com.br/noticias/espaco-aberto,governo-e-mercado-no-futuro-da-tv-cultura,70002880839>.

CUNHA LIMA, Jorge da. *Uma história da TV Cultura.* São Paulo: Imprensa Oficial do Estado de São Paulo/ Fundação Padre Anchieta, –2008.

___ (Org.). *TV Cultura 50 anos.* São Paulo: Fundação Padre Anchieta, 2019.

FRANCFORT, Elmo. *Almanaque TV Cultura 50 anos: Muitas histórias, informações e curiosidades.* São Paulo: Cultura, 2019.

LEAL FILHO, Laurindo. *Atrás das câmeras: Relações entre cultura, estado e televisão.* São Paulo: Summus, 1988.

MANUAL GLOBO DE TELEJORNALISMO. Rio de Janeiro: TV Globo, 1986.

RODA VIVA, 18 ANOS. São Paulo: Fundação Padre Anchieta, 2004.

RODRIGUES, Ernesto. *O traço da Cultura: O desafio de ser ombudsman da TV Cultura, a emissora mais festejada e menos assistida do Brasil.* Rio de Janeiro: Reflexão/puc-Rio, 2014.

SANDBERG, Sheryl & GRANT, Adam. "Speaking with female". *The New York Times*, 12 jan. 2015. Disponível em: https://www.nytimes.com/2015/01/11/opinion/sunday/speaking-while-female.html.

TAPSCOTT, Don & WILLIAMS, Anthony D. *Wikinomics: Como a colaboração em massa pode mudar o seu negócio.* Trad. Marcello Lino. Rio de Janeiro: Nova Fronteira, 2007.

AGRADECIMENTOS

Aos queridos Octavio Tostes, meu compadre, pelos papos e livros raros, fundamentais para contar a história do *Roda Viva*, e Humberto Werneck, pelos bem-vindos conselhos. Um agradecimento imenso pela enorme paciência com que leram, revisaram e fizeram observações sempre pertinentes. Outro grande ao Eugênio Bucci, pela leitura dos originais, comentários, esclarecimentos e um encorajamento sempre consistente e luminoso.

Ao meu advogado Kiyomori Mori, que me estimulou e deu a ideia para que eu fizesse este livro.

A Carlos Eduardo Lins e Silva e Jorge Caldeira, conselheiros da TV Cultura e colegas de profissão.

A Mário Alberto de Almeida, Paeco, Augusto Rodrigues, João Rodarte e Andrew Greenlees, que chancelaram minha ida para o *Roda Viva*. Ao ex-conselheiro Durval de Noronha Goyos Jr pela confiança e coragem.

A Jorge Gonçalves e Ângela Cunha Lima, cúmplices sem culpa.

A Jorge Cunha Lima, que apresentou meu nome ao Conselho da TV e sempre me defendeu com sabedoria e experiência contra meus próprios arroubos e contra os persistentes fantasmas da burocracia. Ao pessoal da maquiagem, figurino e logística da TV Cultura, que me acolheu sempre com carinho, bom humor e competência. Aos colegas jornalistas da redação Vladimir Herzog e técnicos que me apoiaram.

Aos meus editores Bruno Thys e Luiz André Alzer, pela acolhida.

Este livro utilizou as fontes Cambria e Bahnschrift.
A primeira edição foi impressa na Gráfica Decolar
em julho de 2022, 36 anos depois da estreia do *Roda Viva*,
pelo qual passaram 15 apresentadores.
Ricardo Lessa foi o 13º deles.